PE. NARCIZO PIRES FRANCO

AMIZADE COM Jesus EUCARÍSTICO

EDITORA
SANTUÁRIO

Coordenação editorial: Ana Lúcia de Castro Leite
Revisão: Sofia Machado
Diagramação: Mauricio Pereira

Dados Internacionais de Catalogação na Publicação (CIP) de acordo com ISBD

F825a Franco, Narcizo Pires

Amizade com Jesus Eucarístico / Narcizo Pires Franco. - Aparecida : Editora Santuário, 2023.
80 p. ; 14cm x 21cm.

Inclui bibliografia.
ISBN: 978-65-5527-290-1

1. Religião. 2. Cristianismo. 3. Espiritualidade. 4. Jesus. I. Sousa, Célia Soares de. II. Título.

2023-278 CDD 240
CDU 24

Elaborado por Vagner Rodolfo da Silva - CRB-8/9410

Índice para catálogo sistemático:
1. Religião : Cristianismo 240
2. Religião : Cristianismo 24

1ª impressão

Rua Pe. Claro Monteiro, 342 – 12570-045 – Aparecida-SP
Tel.: 12 3104-2000 – Televendas: 0800 - 0 16 00 04
www.editorasantuario.com.br
vendas@editorasantuario.com.br

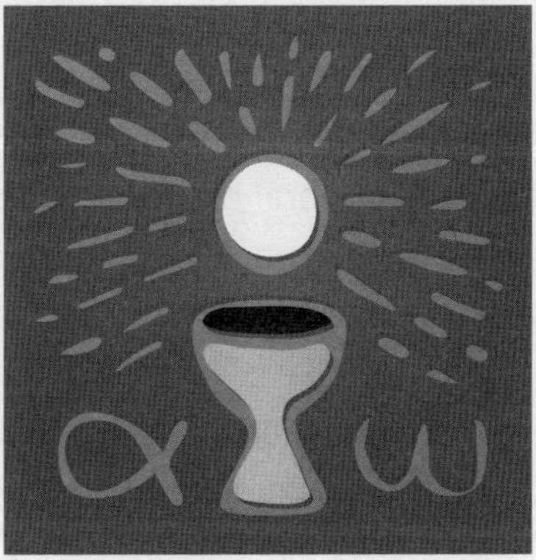

Este livro é para você,
que deseja cultivar, diariamente,
a amizade com Jesus Eucarístico.

AGRADECIMENTOS

Sou grato, antes de tudo, a Deus pelo dom da vida, pelo dom do sacerdócio, pela saúde e por todos que contribuíram para a elaboração deste livro, especialmente ao Pe. Simon Vögele, ORC, que abordou esta temática no retiro para sacerdotes, a Luciana Bernardo Justino, que me ajudou a digitar grande parte deste livro, ao Pe. Felipe Mateus e ao Pe. Júlio, que me ajudaram na organização dos conteúdos segundo os critérios da metodologia científica, grato aos meus pais, José Davino Pires e Angélica Pires Franco (In memoriam), a meus familiares, parentes e amigos, ao Seminário Arquidiocesano de Pouso Alegre, às paróquias por onde exerci meu ministério sacerdotal. Agradeço à Editora Santuário, por publicar esta obra, e a todos que irão proporcionar aos leitores deste livro cultivar diariamente a AMIZADE com Jesus, o amigo mais fiel de todos. Um agradecimento muito especial ao Dom Antônio Carlos Félix, que fez a apresentação deste livro, assim que falei com ele, e ao Dr. Mauro Faria Filho, que há anos vem cuidando de minha saúde.

SUMÁRIO

APRESENTAÇÃO

É com júbilo que apresento o livro AMIZADE COM JESUS EUCARÍSTICO, de autoria do Pe. Narcizo Pires Franco. Em 1980, tive a honra de tê-lo como formador no Seminário de Pouso Alegre.

Confesso, com sinceridade, que apreciei muito o conteúdo do livro, por sinal, muito bem fundamentado na Sagrada Escritura, em importantes documentos eclesiais, no Magistério dos últimos Papas e na espiritualidade de grandes santos e santas.

O autor apresenta o Mistério da Eucaristia livre de visões equivocadas. Mostra com clareza a importância de se reconhecer a centralidade da celebração da Eucaristia, em que o Senhor convoca seu povo, reúne-o em torno da Ceia da Palavra de Deus e da Ceia do Pão da Vida, nutre-o e o une a si na oferta do Sacrifício. Segundo Bento XVI, essa valorização da celebração litúrgica, em que o Senhor atua e realiza seu mistério de comunhão, permanece válida, mas não pode acontecer em detrimento da adoração, como ato de fé e de oração dirigido ao Senhor Jesus, realmente presente no Sacramento do altar.

Por isso é errado contrapor celebração da Eucaristia e adoração à Eucaristia, como se estivessem em concorrência uma com a outra, pois o culto do Sacramento constitui o ambiente espiritual dentro do qual a comunidade pode celebrar bem a Eucaristia. Segundo o papa Emérito, a ação litúrgica poderá expressar seu pleno significado e valor somente se for precedida, acompanhada e seguida por essa atitude interior de fé e de adoração.

Para Bento XVI, o encontro com Jesus na Missa se realiza verdadeira e plenamente quando a comunidade é capaz de reconhecer que Ele, no Sacramento, habita a sua casa, aguarda-nos, convida-nos para sua ceia e, depois da celebração, permanece conosco, com sua presença discreta e silenciosa, e nos acompanha com sua intercessão, continuando a recolher nossos sacrifícios espirituais e a oferecê-los ao Pai.

Portanto Comunhão e Contemplação não podem se separar; elas caminham juntas. Para comunicar com outra pessoa devo conhecê-la, saber estar em silêncio a seu lado, ouvi-la, olhá-la com amor. A verdadeira amizade vive sempre desta reciprocidade de olhares, de silêncios intensos, repletos de respeito e de veneração, de modo que o encontro seja vivido profundamente, de modo pessoal e profundo, e não superficial. Quando falta esta dimensão, a própria comunhão sacramental pode tornar-se, de nossa parte, um gesto superficial. Logo, aplicando essa verdade à Eucaristia, é preciso compreender que não basta observar o rito, mas se requer a purificação do coração e o envolvimento da vida.

Ademais, não podemos perder de vista que a comunidade cristã é a casa da Eucaristia, pois ela vive da Eucaristia, que é o momento principal da vida comunitária. A Eucaristia é sacramento de comunhão e reconciliação. Ela é encontro de Deus com a comunidade e da comunidade com Deus. Na Eucaristia, estabelecem-se novas relações que o Evangelho propõe a partir da filiação divina que o cristão recebe do Pai em Cristo. A fraternidade é a expressão da comunhão com Deus e com as pessoas. A Eucaristia é a fonte inesgotável da vocação cristã e do impulso missionário. A partir da Eucaristia, cada comunidade cristã concretiza, em sinais fraternos e solidários, seu compromisso com a prática da caridade.

Por isso, celebremos o Mistério Eucarístico e o adoramos como centro de nossa vida e como coração do mundo, mas o façamos profundamente inseridos na comunidade cristã.

Obrigado, Pe. Narcizo, pelo livro! Com certeza, ele é um salutar alimento espiritual!

Dom Antônio Carlos Félix
Bispo de Governador Valadares

AMIZADE COM JESUS EUCARÍSTICO

"Viver na presença de Deus nos enche de alegria.
Nossa alegria é fruto da generosidade,
ausência de egoísmo e estreita união com Deus."

A alegria é consequência de nossa amizade com o Senhor!

INTRODUÇÃO

A alegria é consequência de nossa amizade com Jesus. Uma amizade que não é cultivada corre o risco de se acabar. Não é isso que acontece no plano humano, no relacionamento com as pessoas? Assim, no plano da Fé não é diferente. Quanto mais crescermos na intimidade com Jesus, quanto mais vivermos nele, por Ele e com Ele maior será nossa amizade com Senhor.

Mas é possível, após dois mil anos de sua vinda, cultivar, hoje, nossa amizade com o Senhor? Claro que é possível! É possível, porque Ele se deixa encontrar por aqueles que o procuram com amor e fé. Esta foi a sua promessa: "Estarei todos os dias com vocês, até o fim do mundo". "Onde dois ou mais estiverem reunidos em meu nome, Eu estarei no meio deles."

Nós sabemos onde Ele se deixa encontrar? Quais os lugares privilegiados, onde Ele espera por nós? Ele se deixa encontrar nos sacramentos, especialmente na Eucaristia, como Ele mesmo afirmou: "Quem come a minha Carne e bebe o meu Sangue, permanece em mim e Eu nele"; Ele se deixa encontrar no próximo, sobretudo nos mais fragilizados, porque Ele quis se identificar com cada um deles: "Eu estava com fome e me destes de comer; estava doente e cuidastes de mim... Em verdade, vos digo: Todas as vezes que fizestes isso, a um destes mais pequeninos, que são meus irmãos, foi a mim que o fizestes!" (Mt 25,31-46); Ele se deixa encontrar na Comunidade reunida em nome dele: "Onde dois ou mais estiverem reunidos em meu nome, estarei no meio deles"; Ele se deixa encontrar nas Sagradas Escrituras: "Ignorar as Sagradas Escrituras é ignorar o próprio Cristo" (São Jerônimo); Ele se deixa encontrar no Ministro Sagrado, que faz as vezes dele, age *in persona Christi*.

Este livrinho, tão pequeno pretende ser uma simples ajuda para que você possa cultivar, diariamente, sua amizade com o Mestre dos mestres, o Maior e o Melhor de todos os Amigos. "Já não vos chamo servos, mas amigos, pois vos dei a conhecer tudo o que ouvi de meu Pai".

Desejo, de coração, que isso aconteça com você. E se isso acontecer, por favor, não guarde esta experiência só para você, mas passe para frente, como aconteceu com Maria Madalena, com os Discípulos de Emaús, com os Apóstolos, com São Paulo e milhares de evangelizadores de ontem e de hoje.

1

CONDIÇÕES PARA ALIMENTAR NOSSA AMIZADE COM JESUS

1. Nada e ninguém no lugar de Deus

Devemos amá-lo com todo o coração, com toda a vida e com todo o entendimento. Como consequência deste amor total a Deus, devemos também amar ao próximo, como a nós mesmos, pois para Jesus, o amor a Deus é inseparável do amor ao próximo (Mt 22,37-40).

2. Prática constante da caridade

Jesus nos ensina qual é a condição essencial para sermos seus verdadeiros amigos: "Sois os meus amigos se fizerdes o que vos ordeno" (Jo 15,14). "Já não vos chamo servos, porque o servo não sabe o que faz seu senhor. Eu vos chamo amigos, porque vos dei a conhecer tudo o que ouvi de meu Pai. O que vos mando é que vos ameis uns aos outros" (Jo 15,15-17). Portanto para cultivarmos nossa amizade com Jesus é essencial também a prática constante da caridade (obras de misericórdia) (Mt 25,31-46).

3. Centralizar nossa vida na Eucaristia

"Fonte e ápice da vida cristã." "Todavia, a Liturgia é o cume para o qual tende a ação da Igreja e, ao mesmo tempo, é a fonte de onde emana toda a sua força. Pois os trabalhos apostólicos se ordenam a isto: que todos, feitos pela fé e pelo Batismo filhos de

Deus, juntos se reúnam, louvem a Deus no meio da Igreja, participem do sacrifício e comam a Ceia do Senhor" (*Sacrossanctum Concilium*, n. 10).

"Nenhuma comunidade cristã se edifica sem ter sua raiz e seu centro na celebração eucarística" (*Presbyterorum ordinis*, n. 6). Portanto "hão de pôr todo o cuidado em manter viva na comunidade uma verdadeira 'fome' da Eucaristia, que leve a não perder qualquer ocasião de ter a celebração da missa" (*Ecclesia de Eucharistia*, n. 33).

"A tensão escatológica suscitada pela Eucaristia exprime e consolida a comunhão com a Igreja celeste. Não é por acaso que, nas Anáforas orientais nas Orações Eucarísticas latinas, se lembra com veneração Maria sempre Virgem, Mãe do nosso Deus e Senhor Jesus Cristo, os anjos, os santos apóstolos, os gloriosos mártires e todos os santos. Trata-se de um aspecto da Eucaristia que merece ser assinalado: ao celebrarmos o sacrifício do Cordeiro, unimo-nos à liturgia celeste, associando-nos àquela multidão imensa que grita: "A salvação pertence a nosso Deus, que está sentado no trono, e ao Cordeiro" (Ap 7,10). A Eucaristia é verdadeiramente um pedaço do céu, que se abre sobre a terra; é um raio de glória da Jerusalém celeste, que atravessa as nuvens de nossa história e vem iluminar nosso caminho" (*Ecclesia de Eucharistia*, n. 19).

2

CARTA ENCÍCLICA *ECCLESIA DE EUCHARISTIA*

(São João Paulo II)[1]

Introdução

A Igreja vive da Eucaristia. Essa verdade não exprime apenas uma experiência diária de fé, mas contém em síntese o próprio núcleo do mistério da Igreja. É com alegria que ela experimenta, de diversas maneiras, a realização incessante desta promessa: "Eu estarei sempre convosco até o fim do mundo" (Mt 28,20); mas, na sagrada Eucaristia, pela conversão do pão e do vinho no corpo e no sangue do Senhor, goza dessa presença com uma intensidade sem par. Desde o Pentecostes, quando a Igreja, povo da Nova Aliança, iniciou sua peregrinação para a Pátria Celeste, esse sacramento divino foi ritmando seus dias, enchendo-os de consoladora esperança.

O Concílio Vaticano II justamente afirmou que o sacrifício eucarístico é "fonte e centro de toda vida cristã" (*Lumen Gentium*, n. 11). Com efeito, "na Santíssima Eucaristia, está contido todo o tesouro espiritual da Igreja, isto é, o próprio Cristo, nossa Páscoa e o pão vivo que dá aos homens a vida mediante sua carne vivificada e vivificadora pelo Espírito Santo". Por isso o olhar da Igreja volta-se continuamente para seu Senhor, presente no sacramento do altar, onde descobre a plena manifestação de seu imenso amor.

[1] Síntese feita pelo autor.

Do Mistério Pascal nasce a Igreja. Por isso mesmo a Eucaristia, que é o sacramento por excelência do Mistério Pascal, está colocada no centro da vida Eclesial. Isso é visível desde as primeiras imagens da Igreja que nos dão os Atos dos Apóstolos: "eram assíduos ao ensino dos apóstolos, à união fraterna, à fração do pão e às orações" (2,42). Na "fração do pão", é evocada a Eucaristia.

A Igreja vive de Jesus Eucarístico, por Ele nutrida, por Ele é iluminada. A Eucaristia é mistério de fé e, ao mesmo tempo, "Mistério de Luz". Sempre que a Igreja a celebra, os fiéis podem de certo modo reviver a experiência dos dois discípulos de Emaús: "abriram-se lhes os olhos e reconheceram-no" (Lc 24,31).

Pude celebrar a Santa Missa em capelas situadas em caminho de montanha, nas margens dos lagos, na beira do mar; celebrei-a em altares construídos nos estádios, nas praças das cidades... esse cenário tão variado de minhas celebrações eucarísticas faz-me experimentar intensamente seu caráter universal e, por assim dizer, cósmico. Sim, cósmico! Porque, mesmo quando tem lugar no pequeno altar de uma igreja de aldeia, a Eucaristia é sempre celebrada, de certo modo, sobre o altar do mundo. Une o céu e a terra.

1. Mistério da fé (Capítulo I)

"O Senhor Jesus, na noite em que foi entregue" (1Cor 11,23), instituiu o Sacrifício Eucarístico de seu corpo e sangue. É o sacrifício da cruz que se perpetua através dos séculos (cf. SC, n. 47).

A Igreja recebeu a Eucaristia de Cristo, seu Senhor, não como um dom, embora precioso, entre muitos outros, mas como o dom por excelência, porque dom dele mesmo de sua Pessoa na humanidade sagrada, e também de sua obra de salvação.

Quando a Igreja celebra a Eucaristia, memorial da morte e ressurreição de seu Senhor, esse acontecimento central de salvação torna-se realmente presente e "realiza também a obra de nossa redenção" (*Lumem Gentium*, n. 3). É essa verdade que desejo recordar mais uma vez, colocando-me convosco, meus queridos irmãos e minhas queridas irmãs, em adoração diante deste mistério: mistério grande, mistério de misericórdia. Que mais poderia Jesus ter feito por nós? Verdadeiramente, na Eucaristia, demonstra-nos um amor levado até o extremo (Jo 13,1), um amor sem medida.

Esse aspecto de caridade universal do sacramento eucarístico está fundado nas próprias palavras do Salvador. Ao instituí-lo não se limitou a dizer "isto é meu corpo", "isto é meu sangue", mas acrescenta: "entregue por vós" [...] "derramado por vós" (Lc 22,19-20). Não se limitou afirmar que o que lhes dava a comer e a beber é seu corpo e seu sangue, mas exprimiu também seu valor sacrifical, tornando sacramentalmente presente seu sacrifício, que algumas horas depois realizaria na cruz pela salvação de todos. "A missa é, ao mesmo tempo e inseparavelmente, o memorial sacrificial em que se perpetua o sacrifício da cruz e o banquete sagrado da comunhão do corpo e do sangue do Senhor" (CIC, n. 1382).

"O sacrifício de Cristo e o sacrifício da Eucaristia são um único sacrifício" (CIC, n. 1367). Já o afirmava em palavras expressivas São João Crisóstomo, "nós oferecemos sempre o mesmo Cordeiro, e não um hoje e amanhã outro, mas sempre o mesmo. Por esse motivo, o sacrifício é sempre um só. [...] Também agora estamos a oferecer a mesma vítima que então foi oferecida e que jamais se exaurirá".

A missa torna presente o sacrifício da cruz; não é mais um, nem o multiplica. O que se repete é a celebração memorial, a "exposição memorial", de modo que o único e definitivo sacrifício redentor de Cristo se atualiza incessantemente no tempo.

Reafirma-se, assim, a doutrina sempre válida do Concílio de Trento: "Pela consagração do pão e do vinho, opera-se a conversão de toda a substância do pão na substância do corpo de Cristo nosso Senhor, e de toda substância do vinho na substância de seu sangue; a esta mudança a Igreja Católica chama, de modo conveniente e apropriado, transubstanciação".

"Assim como o Pai, que vive, enviou-me e eu vivo pelo Pai, assim também o que me come viverá por mim" (Jo 6,57). O próprio Jesus nos assegura que tal união, por Ele afirmada, em analogia com a união da vida trinitária, realiza-se verdadeiramente. A Eucaristia verdadeiro banquete em que Cristo se oferece como alimento.

Por meio da comunhão de seu corpo e sangue, Cristo comunica-nos também seu Espírito. Escreve Santo Efrém: "Chamou pão seu corpo vivo, encheu-o de si próprio e de seu Espírito [...], e aquele que o come com fé, come Fogo e Espírito [...]. Tomai e comei-o todos; e, com ele, comei o Espírito Santo. De fato, é verdadeiramente meu corpo, e quem o come viverá eternamente". E, no Missal Romano, o celebrante suplica: "Fazei que, alimentando-nos do corpo e sangue de vosso Filho, cheio de seu Espírito Santo, sejamos em Cristo um só corpo e um só espírito. Assim, pelo dom de seu corpo e sangue, Cristo aumenta em nós o dom de seu Espírito, já infundido no batismo e recebido como 'selo' no sacramento da confirmação".

A Eucaristia é tensão para a meta, antegozo da alegria plena prometida por Cristo (Jo 15,11); de certa forma, é antecipação do Paraíso, "penhor da futura glória". A Eucaristia é celebrada na ardente expectativa de alguém, ou seja, "enquanto esperamos a vinda gloriosa de Jesus Cristo nosso Salvador". Quem se alimenta de Cristo na Eucaristia não precisa esperar o Além para receber a vida eterna: já a possui na terra, como primícias da plenitude futura, que envolverá o homem em sua totalidade.

Anunciar a morte do Senhor "até que Ele venha" (1Cor 11,26) inclui, para os que participam na Eucaristia, o compromisso de transformarem a vida, de tal forma que essa se torne, de certo modo, toda eucarística. São precisamente esse fruto de transfiguração da existência e o empenho de transformar o mundo segundo o Evangelho que fazem brilhar a tensão escatológica da celebração eucarística e de toda vida cristã: "Vinde, Senhor Jesus!" (Ap 22,20).

2. A Eucaristia edifica a Igreja (capítulo II)

"Sempre que no altar se celebra o sacrifício da cruz, no qual Cristo, nossa Páscoa, foi imolado" (1Cor 5,7), realiza-se também a obra da nossa Redenção" (*Lumem Gentium*, n. 3).

Podemos dizer não só que cada um de nós recebe Cristo, mas também que Cristo recebe cada um de nós. Ele intensifica sua amizade conosco: "Chamei-vos amigos" (Jo 15,14). Mais ainda, nós vivemos por Ele: "O que me come viverá por mim" (Jo 6,57). Na comunhão eucarística, realiza-se de modo sublime a inabitação mútua de Cristo: "Permanecei em mim e eu permanecerei em vós" (Jo 15,4).

Desse modo, a Eucaristia apresenta-se como fonte e simultaneamente vértice de toda a evangelização, porque seu fim é a comunhão dos homens com Cristo e, nele, com o Pai e com o Espírito Santo. A Eucaristia consolida a incorporação em Cristo operada no batismo pelo dom do Espírito Santo (1Cor 12,13.27).

3. Apostolicidade da Eucaristia na Igreja (Capítulo III)

Quando o Catecismo da Igreja Católica explica em que sentido a Igreja se diz apostólica, ou seja, fundada sob os apóstolos, individua na expressão um tríplice sentido. O primeiro significa que a Igreja "foi e continua a ser construída sob o alicerce dos Apóstolos (Ef 2,20), testemunhas escolhidas e enviadas em missão pelo próprio Cristo" (857). Ora, no caso da Eucaristia, os apóstolos também estão em sua base: naturalmente o sacramento remonta ao próprio Cristo, mas foi confiado por Jesus aos apóstolos e depois transmitido por eles e seus sucessores até nós. É em continuidade com a ação dos apóstolos e obedecendo ao mandato do Senhor que a Igreja celebra a Eucaristia ao longo dos séculos.

O segundo sentido que o Catecismo da Igreja Católica indica para a apostolicidade da Igreja é este: ela "guarda e transmite, com a ajuda do Espírito Santo que nela habita, a doutrina, o bom depósito, as sãs palavras recebidas dos apóstolos" (52). Também nesse sentido a Eucaristia é apostólica, porque é celebrada com a fé dos apóstolos.

Por último, a Igreja é apostólica enquanto "continua a ser ensinada, santificada e dirigida pelos apóstolos até o regresso de Cristo, graças aqueles que lhe sucedem no ofício pastoral: o Colégio dos bispos, assistido pelos presbíteros, em união com o sucessor de Pedro, pastor supremo da Igreja" (857).

Se a Eucaristia é centro e vértice da vida da Igreja, o é igualmente do ministério sacerdotal. Por isso, com espírito repleto de gratidão em Jesus Cristo, nosso Senhor, volto a afirmar que a Eucaristia "é a principal e central razão de ser do sacramento do sacerdócio, que nasceu efetivamente no momento da instituição da Eucaristia e juntamente com ele" (Carta apostólica *Dominicae Cenae*, 24.2.1980).

O Concílio Vaticano II individuou como vínculo, que dá unidade a sua vida e a suas atividades, a caridade pastoral. Esta, acrescenta o Concílio, "flui sobretudo do sacrifício eucarístico que permanece o centro e a raiz de toda a vida do presbítero" (*Presbyterorum ordinis*, n. 14). Compreende-se, assim, quão importante seja para a vida espiritual, e depois para o bem da Igreja e do mundo, que o sacerdote ponha em prática a recomendação conciliar de celebrar diariamente a Eucaristia, "porque, mesmo que não possa ter a presença dos fiéis, é ato de Cristo e da Igreja" (CDC, n. 904). Desse modo, ele será capaz de vencer toda a dispersão ao longo do dia, encontrando no sacrifício eucarístico verdadeiro centro de sua vida e de seu ministério, a energia espiritual necessária para enfrentar as diversas tarefas pastorais. Assim, seus dias tornar-se-ão verdadeiramente eucarísticos.

Quando, devido à escassez de sacerdotes, foi confiada a fiéis não ordenados uma participação no cuidado pastoral de uma paróquia, eles tenham presente que, como ensina o Concílio Vaticano II, "nenhuma comunidade cristã se edifica sem ter sua raiz e seu centro na celebração eucarística" (*Presbyterorum ordinis*, n. 6). Portanto hão de pôr todo o cuidado em manter viva na comunidade uma verdadeira "fome" da Eucaristia, que leve a não perder qualquer ocasião de ter a celebração da missa.

4. A Eucaristia e a comunhão eclesial (Capítulo IV)

A integridade dos vínculos invisíveis é um dever moral concreto do cristão que queira participar plenamente da Eucaristia comungando o corpo e o sangue de Cristo. Um tal dever recorda o referido apóstolo, com a advertência seguinte: "Examine-se cada qual a si mesmo", então, "coma desse pão e beba desse cálice" (1Cor 11,28). Com sua grande eloquência, São João Crisóstomo assim exortava os fiéis: "Também eu levanto a vós e vos suplico, peço e esconjuro para não vos abeirardes desta Mesa sagrada com uma consciência manchada e corrompida. De fato, uma tal aproximação nunca poderá chamar-se comunhão, ainda que toquemos mil vezes o corpo do Senhor, mas condenação, tormento e redobrados castigos".

Nessa linha, o Catecismo da Igreja católica estabelece justamente: aquele que tiver consciência do pecado grave deve receber o sacramento da reconciliação antes de se aproximar da comunhão (916). Desejo, por conseguinte, reafirmar que vigora ainda e sempre há de vigorar na Igreja a norma do Concílio de Trento, que concretiza severa advertência do apóstolo Paulo, ao afirmar que, para uma digna recepção da Eucaristia, "se deve fazer antes a confissão dos pecados, quando alguém está consciente de pecado mortal". A Eucaristia e a penitência são dois sacramentos intimamente unidos.

A Eucaristia cria comunhão e educa para a comunhão. Ao escrever aos fiéis de Corinto, São Paulo fazia-lhes ver como suas divisões, que se davam nas assembleias eucarísticas, estavam em contraste com o que celebravam, a ceia do Senhor. E convidava-os, por isso, a refletirem sobre a verdadeira realidade da Eucaristia, para fazê-los voltar ao espírito de comunhão fraterna (1Cor 11,17-34). Quem recebe o sacramento da unidade, sem conservar o vínculo da paz, não recebe um sacramento para seu benefício, mas antes uma condenação.

Quando se considera a Eucaristia como sacramento da comunhão eclesial, há um tema que, por sua importância, não pode ser transcurado: refiro-me a sua relação com o empenho ecumênico.

5. O decoro da Celebração Eucarística (Capítulo V)

Se a ideia do "banquete" inspira familiaridade, a Igreja nunca cedeu à tentação de banalizar essa "intimidade" com seu Esposo, recordando-se que ele é também seu Senhor e que, embora "banquete", permanece sempre um banquete sacrificial, assinalado com o sangue derramado no Gólgota. O banquete eucarístico é verdadeiramente o banquete "sagrado", em que, na simplicidade dos sinais, se esconde o abismo da santidade de Deus: "Ó sagrado banquete, em que se recebe Cristo!" O pão, que é repartido em nossos altares, oferecido a nossa condição de viandantes pelas estradas do mundo, é "panis angelorum", pão dos anjos, do qual só é possível abeirar-se com a humildade do centurião do evangelho: "Senhor, eu não sou digno de que entres debaixo de meu teto" (Mt 8,8; Lc 6,6).

Por isso sinto o dever de fazer um veemente apelo para que as normas litúrgicas sejam observadas, com grande fidelidade na celebração eucarística. A liturgia nunca é propriedade privada de alguém, nem do celebrante, nem da comunidade, onde são celebrados os santos mistérios. O apóstolo Paulo teve de dirigir palavras ásperas à comunidade de Corinto, pelas falhas graves em sua celebração eucarística, que tinham dado origem a divisões e à formação de facções (1Cor 11,17-34). Atualmente, também deveria ser redescoberta e valorizada a obediência às normas litúrgicas como reflexo do testemunho da Igreja, una e universal, que se torna presente em cada celebração eucarística. O sacerdote, que celebra fielmente a missa segundo as normas litúrgicas, e a comunidade que as adere demonstram de modo silencioso, mas expressivo, seu amor à Igreja.

6. Na Escola de Maria, mulher "eucarística" (Capítulo VI)

Se quisermos redescobrir em toda a sua riqueza a relação íntima entre a Igreja e a Eucaristia, não podemos esquecer Maria, mãe e modelo da Igreja. Na carta apostólica *Rosarium Virginis Mariae*, após indicar a Virgem Santíssima como mestra na contemplação do rosto de Cristo, São João Paulo II inseriu também entre os mistérios da luz a instituição da Eucaristia. Com efeito, Maria pode guiar-nos para o Santíssimo Sacramento porque tem uma profunda ligação com ele.

À primeira vista, o evangelho nada diz a tal respeito. A narração da instituição, na noite da Quinta-feira Santa, não fala de Maria. Mas sabe-se que ela estava presente no meio dos apóstolos quando, "unidos pelo mesmo sentimento, entregava-se assiduamente à oração" (At 1,14), na primeira comunidade que se reuniu depois da ascensão à espera de Pentecostes. E não podia certamente deixar de estar presente, nas celebrações eucarísticas, no meio dos fiéis da primeira geração cristã, que eram assíduos à "fração do pão" (At 2,42).

Para além de sua participação no banquete eucarístico, pode-se delinear a relação de Maria com a Eucaristia indiretamente a partir de sua atitude interior. Maria é mulher "eucarística" na totalidade de sua vida. A Igreja, vendo em Maria seu modelo, é chamada a imitá-la também em sua relação com esse mistério santíssimo.

Mysterium Fidei! Se a Eucaristia é um mistério de fé que excede tanto nossa inteligência e nos obriga ao mais puro abandono à Palavra de Deus, ninguém melhor do que Maria pode servir-nos de apoio e guia nessa atitude de abandono. Todas as vezes que repetimos o gesto de Cristo na última ceia dando cumprimento a seu mandato: "Fazei isto em memória de mim", ao mesmo tempo acolhemos o convite que Maria nos faz para obedecermos a seu filho sem hesitação: "Fazei o que ele vos disser" (Jo 2,5). Com a solicitude materna manifestada nas bodas de Caná, ela parece dizer-nos: "Não hesiteis, confiai na palavra de meu filho. Se ele pode mudar a água em vinho, também é capaz de fazer do pão e do vinho seu corpo e sangue, entregando aos crentes, nesse mistério, o memorial vivo de sua Páscoa e tornando-se assim Pão da vida".

De certo modo, Maria praticou sua fé eucarística ainda antes de ser instituída a Eucaristia, quando ofereceu seu ventre virginal para a encarnação do Verbo de Deus. Há, pois, uma profunda analogia entre o *fiat* pronunciado por Maria, em resposta às palavras do anjo, e o *amém* que o fiel pronuncia quando recebe o corpo do Senhor. A Maria foi-lhe pedido para acreditar que Aquele que Ela concebia "por obra do Espírito Santo" era o "Filho de Deus" (Lc 1,30-35). Dando continuidade ao mistério da Virgem santa no mistério eucarístico é nos pedido para crer que aquele mesmo Jesus, Filho de Deus e Filho de Maria, torna-se presente nos sinais do pão e do vinho com todo o seu ser humano-divino.

"Feliz aquela que acreditou" (Lc 1,45): Maria antecipou, no mistério da encarnação, a fé eucarística da Igreja. E, na visitação, quando leva em seu ventre o Verbo encarnado, de certo modo ela serve de "sacrário", o primeiro "sacrário" da história, para o filho de Deus, que, ainda invisível aos olhos dos homens, se presta à adoração de Isabel, como que "irradiando" sua luz através dos olhos e da voz de Maria. E o olhar extasiado de Maria, quando contemplava o rosto de Cristo recém-nascido, e o estreitava em seus braços, não é por ventura modelo inatingível de amor a que se deve inspirar todas as nossas comunhões eucarísticas?

Impossível imaginar o sentimento de Maria ao ouvir dos lábios de Pedro, João, Tiago e demais apóstolos as palavras da última ceia: "Isto é meu corpo que vai ser entregue por vós" (Lc 22,19). Aquele corpo entregue em sacrifício e presente agora nas espécies sacramentais era o mesmo corpo concebido em seu ventre! Receber a Eucaristia devia significar para Maria quase acolher de novo em seu ventre aquele coração, que batera em uníssono com o dela, e reviver o que tinha pessoalmente experimentado junto da cruz.

Viver o memorial da morte de Cristo na Eucaristia implica também receber continuamente esse dom. Significa levar conosco, a exemplo de João, aquela que sempre de novo nos é dada como mãe. Significa ao mesmo tempo assumir o compromisso de nos conformarmos com Cristo, entrando na escola da mãe e aceitando sua companhia. Maria está presente, com a Igreja e como mãe da Igreja, em cada uma das celebrações eucarísticas. Se Igreja e Eucaristia são um binômio indivisível, o mesmo é preciso afirmar do binômio Maria e Eucaristia. Por isso mesmo, desde a antiguidade, é unânime nas Igrejas do oriente e do ocidente a recordação de Maria na celebração eucarística.

Conclusão

Na aurora deste terceiro milênio, todos nós, filhos da Igreja, somos convidados a progredir com renovado impulso na vida cristã. Como escreveu São João Paulo II, na carta apostólica *Novo Millennio Ineunte*, "não se trata de inventar um 'programa novo'. O programa já existe: é o mesmo de sempre, expresso no Evangelho e na Tradição viva. Concentra-se, em última análise, no próprio Cristo, que temos de conhecer, amar, para nele viver a vida trinitária e com ele transformar a história até a sua plenitude na Jerusalém celeste". A concretização desse programa de um renovado impulso na vida cristã passa pela Eucaristia.

Cada esforço de santidade, cada iniciativa para realizar a missão da Igreja, cada aplicação dos planos pastorais deve extrair a força de que necessita do mistério eucarístico e orientar-se para ele como seu ponto culminante. Na Eucaristia, temos Jesus, seu sacrifício redentor, sua ressurreição, temos o dom do Espírito Santo, temos a adoração, a obediência e o amor do Pai. Se transcurássemos a Eucaristia, como poderíamos dar remédio a nossa indigência!

O caminho que a Igreja percorre nestes primeiros anos do terceiro milênio é também caminho de renovado empenho ecumênico. Os últimos decênios do segundo milênio, com seu apogeu no grande Jubileu do ano 2000, impeliram-nos nessa direção, convidando todos os batizados a corresponderem à oração de Jesus "*uti unum sint*" (Que todos sejam um!) (Jo 17,11). É um caminho longo, cheio de obstáculos humanos, que superam a capacidade humana; mas temos a Eucaristia e, em sua presença, podemos ouvir no fundo do coração, como que dirigidas a nós, as mesmas palavras que ouviu o profeta Elias: "Levanta-te e come, porque ainda tens um caminho longo a percorrer" (1Rs 19,7). O tesouro eucarístico, que o Senhor pôs a nossa disposição, incita-nos para a meta que é sua plena partilha com todos os irmãos, aos quais estamos unidos no mesmo batismo. Mas, para não desperdiçar esse tesouro, é preciso respeitar as exigências que derivam do fato de ele ser sacramento da comunhão na fé e na sucessão apostólica.

Nos sinais humildes do pão e do vinho transubstanciados em seu corpo e sangue, Cristo caminha conosco como nossa força e nosso viático, torna-nos testemunhas de esperança para todos. Se a razão experimenta seus limites diante desse mistério, o coração, iluminado pela graça do Espírito Santo, intui bem como comportar-se, entranhando-se na adoração e no amor sem limites.

Façamos nossos os sentimentos de Santo Tomás de Aquino, máximo teólogo e ao mesmo tempo cantor apaixonado de Jesus eucarístico, e deixemos que nosso espírito se abra também na esperança à contemplação da meta pela qual suspira o coração, sedento como é de alegria e de paz:

"Bom pastor, pão da verdade,/ tende de nós piedade,/ conservai-nos na unidade,/ extingui nossa orfandade/ e conduzi-nos ao Pai./ Aos mortais dando comida,/ dais também o pão da vida:/ que a família assim nutrida/ seja um dia reunida/ aos convivas lá do céu".

Fonte: Carta Encíclica *Ecclesia de Eucharistia*,
17 de abril de 2003,
São João Paulo II.

3

NOSSA PARTICIPAÇÃO CONSTANTE NA EUCARISTIA

Em cada celebração eucarística temos o privilégio de participar de duas mesas: a mesa da Palavra e a mesa da Eucaristia, o Pão da Palavra e o Pão da Eucaristia.

No Evangelho de São João (15,1-8), Jesus nos fez uma advertência: "Sem mim nada podeis fazer". Ao mesmo tempo nos fez um apelo: "Permanecei em mim e eu permanecerei em vós". E uma das maneiras privilegiada de estar com o Senhor é por meio da Eucaristia: "Quem come minha Carne e bebe meu Sangue permanece em mim e eu nele".

Portanto, ao participarmos da Eucaristia, estamos em profunda comunhão com o Senhor e, podemos assim, cultivar sempre mais nossa amizade com Ele.

[...] Liturgicamente, a celebração eucarística desenvolve-se em uma mesa dupla: a Mesa da Palavra e a Mesa da Eucaristia. Ambas estão correlacionadas, pois a Igreja nasce da Eucaristia, nasce também da Palavra de Deus. Essas ações estão interligadas e correspondem-se na mesma celebração. Cada uma delas tem sua importância e elas se complementam.

Por meio da Palavra de Deus, transmitida inicialmente de forma oral, e depois de forma escrita, conhecemos os atos de Jesus Cristo, sobretudo a instituição da Eucaristia, que está intimamente ligada ao sacrifício de Cristo. Sabemos desses acontecimentos por meio da Palavra de Deus, anunciada pelos evangelistas e apóstolos, desde a origem da Igreja e propagada por ela até nossos dias.

Sendo assim, não temos como dissociar a Mesa da Palavra da Mesa da Eucaristia, pois A IGREJA VIVE E ALIMENTA-SE DESSAS MESAS. Por isso é de suma importância que a SANTA MISSA SEJA CELEBRADA COM DIGNIDADE, QUE A PALAVRA DE DEUS SEJA PROCLAMADA COM CLAREZA, QUE A HOMILIA SEJA BEM PREPARADA E SEJA INCUTIDO NOS FIÉIS O DESEJO DE ALIMENTAR-SE DESSA PALAVRA NOS FIÉIS NO DIA A DIA. ASSIM PALAVRA ACOLHIDA PRODUZIRÁ MUITOS FRUTOS EM NOSSA VIDA.

O anúncio da Palavra destina-se também ao fortalecimento de nossa fé quanto ao Mistério Eucarístico. É o próprio Jesus que, no Pão e no Vinho, faz-se Carne e Sangue, verdadeira comida e verdadeira bebida, para nos alimentar e fortificar nossa fé. A mesa da Palavra e a mesa da Eucaristia estão intimamente relacionadas: uma indica a necessidade da outra. Ao acolher com fé e gratidão a Palavra de Deus, o Pão da vida, ficamos fortalecidos para dar razão de nossa esperança.

Concluímos com um trecho da Exortação Apostólica *Verbum Domini*, de 30 de setembro de 2010: A Eucaristia abre-nos à inteligência da Sagrada Escritura, e esta, por sua vez, ilumina e explica o mistério eucarístico. Com efeito, sem o reconhecimento da presença real do Senhor na Eucaristia, permanece incompleta a compreensão da Escritura. Por isso, à Palavra de Deus e ao Mistério Eucarístico, a Igreja tributou e estabeleceu que, sempre em todo lugar, se tributasse a mesma veneração, embora NÃO O MESMO CULTO. Movida pelo exemplo de seu fundador, nunca cessou de celebrar o Mistério Pascal, reunindo-se no mesmo lugar para ler, "em todas as Escrituras, aquilo que lhe dizia respeito" (Lc 24,27) e atualizar, com o memorial do Senhor e os sacramentos, a obra da salvação [...][2] (*Verbum Domini* 55).

Portanto há uma profunda relação entre o Pão da Eucaristia e o Pão da Palavra. É a Palavra que prepara e torna íntima a celebração eucarística. A Palavra proclamada nos introduz no Misté-

[2] Cf: https://pascomsaobenedito.com/2017/04/10a-mesa-da-palavra-e-a-mesa-da-eucaristia-tem-o-mesmo-valor/ (25.1.2022, às 9h15).

rio do Pão da vida, e o Pão nos introduz no Mistério da Palavra. O Jesus do Evangelho é o mesmo que está presente na Eucaristia, Ele "é o mesmo ontem, hoje e sempre", é o Jesus de Nazaré, que percorreu toda a Palestina, anunciando a Boa-Nova do Reino de Deus.

Maria, "Mãe da Eucaristia", intercede por nós junto de seu Filho Jesus: "Pão vivo que desceu do céu", vida para quem caminha neste mundo, a fim de que tenhamos mais amor pelo Pão da Palavra e pelo Pão da Eucaristia. Amém.

4

ADORAÇÃO AO SANTÍSSIMO SACRAMENTO

A pessoa que se coloca em adoração está reconhecendo Jesus como único Senhor e Salvador.

Conforme o Catecismo da Igreja Católica, n. 2096, "adoração de Deus é o primeiro ato da virtude da religião". Adorar a Deus é reconhecê-lo como Deus, como Criador e Salvador, Senhor e dono de tudo o que existe, o Amor infinito e misericordioso. "Adorarás o Senhor teu Deus e só a ele prestarás culto" (Lc 4,8), diz Jesus, citando Deuteronômio (Dt 6,13).

A pessoa que se coloca em adoração está reconhecendo Jesus como seu único Senhor e Salvador. É uma atitude de humildade daquele que se prostra e se entrega a ele, é ter a mesma atitude e palavra dos magos, que vão ao encontro do Salvador: "Onde está o rei (...). Viemos adorá-lo" (Mt 2,2) e, ao encontrar o Menino-Deus na manjedoura, prostraram-se diante dele, adoraram-no e ofereceram seus presentes.

Cada pessoa, em diversas situações e condições, pode colocar-se de forma diferente diante de Jesus eucarístico: em alguns momentos, nossa atitude é de adoração e contemplação; em outros, de súplica ou pedidos para a própria pessoa e por outros; ou ainda em agradecimento por uma graça alcançada; pedido de perdão; ou momento de repouso e descanso no Senhor. Deus quer que cada um se apresente diante dele de forma honesta e sincera como se encontra para adorá-lo: "Bendito seja aquele que vem em nome do Senhor! Hosana no mais alto dos céus!" (Mt 21,9).

Já em sua Carta Apostólica *Mane Nobiscum Domine*, São João Paulo II nos apresenta o dom da Eucaristia como um grande mistério. **Mistério a ser celebrado de maneira digna, que deve ser adorado e contemplado.** O que entendemos por adoração de Jesus na Eucaristia? Adoração ao Santíssimo Sacramento é estar unido à Santíssima Eucaristia, em atitude de respeito e comunhão com o Senhor.

A Igreja anima e incentiva a estarmos diante do Cristo presente na Eucaristia em atitude de adoração e contemplação. "A presença de Jesus no tabernáculo deve constituir como que um polo de atração para um número sempre maior de almas apaixonadas por ele, capazes de ficar longo tempo escutando a voz e quase sentindo o palpitar do coração."

A carta apostólica do santo padre ainda nos anima a ressaltar que a adoração eucarística fora da missa deve tornar-se um empenho especial para cada comunidade paroquial e religiosa. **"Permaneçamos longamente prostrados diante de Jesus na Eucaristia, reparando com nossa fé e nosso amor os descuidos, os esquecimentos e até os ultrajes que nosso Salvador deve sofrer em tantas partes do mundo."**

"Não há dúvida de que a reforma litúrgica do Concílio trouxe grandes vantagens para uma participação mais consciente, ativa e frutuosa dos fiéis no santo sacrifício do altar. Mais ainda, **em muitos lugares, é dedicado amplo espaço à adoração do Santíssimo Sacramento, tornando-se fonte inesgotável de santidade**" (*Ecclesia de Eucharistia*, n. 10).

O culto prestado à Eucaristia fora da missa é de um valor inestimável na vida de Igreja, está ligado intimamente com a celebração do sacrifício eucarístico. Compete aos Pastores, inclusive pelo testemunho pessoal, estimular o culto eucarístico, de modo particular a exposição do Santíssimo Sacramento e também a visita de adoração a Cristo presente sob as espécies eucarísticas.

"É bom demorar-se com Ele e, inclinado sobre seu peito como o discípulo amado (Jo 13,25), deixar-se tocar pelo amor infinito de seu coração. Se atualmente o cristianismo se deve caracterizar, sobretudo, pela 'arte da oração', como não sentir de novo a necessidade de permanecer longamente, em diálogo espiritual, adoração silenciosa, atitude de amor, diante de Cristo presente no Santíssimo Sacramento? Quantas vezes fiz esta experiência, recebendo dela força, consolação, apoio!"

Dessa prática, muitas vezes louvada e recomendada pelo Magistério, deram-nos o exemplo numerosos santos. De modo particular, distinguiu-se Santo Afonso Maria de Ligório, que escrevia: "A devoção de adorar Jesus Sacramentado é, depois dos sacramentos, a primeira de todas as devoções, a mais agradável a Deus e a mais útil para nós". A Eucaristia é um tesouro inestimável: não só sua celebração, mas também o permanecer diante dela fora da Missa permite-nos beber na própria fonte da graça. Uma comunidade cristã, que queira contemplar melhor o rosto de Cristo (...), não pode deixar de desenvolver também esse aspecto do culto eucarístico, no qual perduram e se multiplicam os frutos da comunhão do corpo e sangue do Senhor (*Ecclesia De Eucaristia*, n. 25).

Testemunho dos santos a respeito da adoração ao Santíssimo Sacramento:

"Da Eucaristia nasce a força para viver a vida cristã e o zelo para compartilhar a vida com os outros" (São João Paulo II).

"Esta é a verdade maravilhosa, meus queridos amigos: **o Verbo, que se fez carne há dois mil anos, hoje está presente na Eucaristia"** (São João Paulo II).

"Eu encorajo os cristãos regularmente a visitar o Cristo presente no Santíssimo Sacramento, pois todos somos chamados a permanecer na presença de Deus" (São João Paulo II).

"Adoração ao Santíssimo é fonte inesgotável de santidade" (*Ecclesia de Eucaristia*, n. 10).

"O tempo que você gasta com Jesus no Santíssimo Sacramento é o melhor momento que você vai gastar na terra. Cada momento que você passa com Jesus vai aprofundar sua união com ele, e vai ajudar a trazer uma paz duradoura na terra" (Madre Teresa de Calcutá).

"Quando você olha para o crucifixo, entende como Jesus amou você, então, quando você olha a sagrada Eucaristia você entende o quanto Jesus ama você agora" (Madre Teresa de Calcutá).

"Eu não estou em uma audiência com o santo padre, não estou na presença de um santo do céu, nem com alguma personalidade distinta. Diante de mim, querido Jesus, estás presente sob a aparência frágil. Com os olhos da fé eu creio que tu estás presente como meu Deus, meu Senhor, meu Redentor, o Criador do céu e da terra, meu tudo. Acredito, querido Jesus, que estás verdadeiramente presente, em corpo e sangue, alma e divindade no Santíssimo Sacramento" (Cardeal John J. Carberry).

"Adoração diária ou uma visita ao Santíssimo Sacramento é a prática que é a fonte de todos os trabalhos devocionais" (São Pio X).

"Esta prática da adoração é baseada em razões sólidas e robustas porque a Eucaristia é, ao mesmo tempo, sacrifício e sacramento. Mas é diferente dos outros sacramentos na medida em que não só produz a graça, mas contém de modo permanente o próprio autor da graça, ele mesmo. Quando, portanto, a Igreja nos convida a adorar Cristo escondido por trás dos véus eucarísticos e rezar a ele por favores espirituais e temporais, ela manifesta a fé em seu esposo divino, que está presente sob os véus, ela professa sua gratidão a ele, e ela gosta da intimidade, de sua amizade" (Papa Pio XII).

"Saiba também que provavelmente você vai ganhar mais com oração de 15 minutos diante do Santíssimo Sacramento do que por todos os outros exercícios espirituais do dia. Nosso Senhor ouve nossas orações em qualquer lugar, pois ele fez a promessa: "Pedi e recebereis", mas que ele revelou a seu servo que quem visitá-lo no Santíssimo Sacramento vai obter uma medida mais abundante da graça" (Santo Afonso Maria de Ligório).

"Os soberbos da terra dificilmente concedem audiência, mas, pelo contrário, o rei do céu, escondido sob o véu eucarístico, está sempre pronto para receber qualquer um" (Santo Afonso Maria de Ligório).

"A devoção de adorar Jesus Sacramentado é, depois dos sacramentos, a primeira de todas as devoções, a mais agradável a Deus e a mais útil para nós" (Santo Afonso Maria de Ligório).

Conclusão

Somos chamados a crescer no amor e na amizade com Jesus por meio da Eucaristia e na adoração ao Santíssimo. A amizade que não é alimentada diariamente corre o risco de se acabar. Adoração é diálogo com Jesus e não monólogo. Quanto mais adoração, tanto mais graça, mais amor, mais crescimento, mais fruto. Devemos ser generosos para com Deus, assumindo uma atitude de adoração. O silêncio interior e exterior favorece a escuta da Palavra (Jesus) presente no sacrário. A adoração ao Santíssimo Sacramento é caminho para a santidade.

"Nunca desperdiçar uma oportunidade de adorar-me, de permanecer diante de mim, mesmo que apenas por um instante, no sacramento de meu amor. Na eternidade, tu verás o valor inestimável de cada momento passado em minha presença eucarística" (*In Sinu Jesu*, 31.1.2008).

"Adoração proclama que eu sou tudo e todo o resto é nada" (*In Sinu Jesu*, 9.2.2008).

"Quero que a visita ao Santíssimo Sacramento volte a fazer parte da vida ordinária católica, uma expressão de gratidão e reparação a mim, que sou abandonado e desprezado em tantos lugares. Que meus sacerdotes deem o exemplo, e os fiéis os seguirão" (*In Sinu Jesu*, 28.3.2008).

"Adoração deve se tornar uma necessidade de tua alma, assim como são a comida, a bebida e o descanso para teu corpo" (*In Sinu Jesu*, 25.8.2008).

"A fé no mistério da santíssima Eucaristia cresce em proporção ao tempo que se concede a minha adoração. Nada pode substituir a experiência íntima de minha amizade eucarística" (In Sinu Jesu, 25.10.2008).

"Quer honrar o Corpo de Cristo? Depois de o ter honrado na Igreja, não o despreze quando estiver coberto de trapos fora da porta da igreja. Aquele que disse: "Isto é meu corpo", disse também "me vistes com fome e não me destes de comer". De que vale a mesa do Senhor cintilar de cálices de ouro, e negar-lhe um copo de água? Embeleze a casa do Senhor, mas não despreze o mendigo, porque o templo de carne deste irmão é mais precioso que o templo de pedras" (São João Crisóstomo, https://le-citazioni.it/autori/giovanni-crisostomo/).

Atenção: Quando você entra na capela do Santíssimo para adorar o Senhor, esteja atento às consequências desse "encontro", isto é, ali você entra para adorar o Senhor, mas dali você sai para amar seu próximo, especialmente o mais necessitado!

A espiritualidade dos leigos se alimenta da Palavra de Deus e dos sacramentos, especialmente a Eucaristia e a Confissão. Antes de tudo, vivam uma "espiritualidade encarnada". Não podemos querer um Cristo sem cruz. Por outro lado, existe a tentação de uma espiritualidade intimista e individualista, e o exagero do devocionismo, do demonismo e das "revelações privadas". "Não servem propostas místicas desprovidas de um vigoroso compromisso social e missionário" (Papa Francisco).

"Santa Teresa de Calcutá vivenciou uma espiritualidade encarnada. Ela compreendeu que, para a espiritualidade ser relevante, é necessário que se encarne a realidade na qual a pessoa vive, que seja uma espiritualidade inserida no coração da miséria.

Ela lia a Sagrada Escritura a partir da vida e a vida a partir da Sagrada Escritura. Os mais emblemáticos textos da Sagrada Escritura e que mais falavam e provocavam uma verdadeira revolução no modo de ser e de viver de Santa Teresa de Calcutá eram: "Eu estava com fome e me destes de comer; estava com sede e me destes de beber; eu era forasteiro e me recebestes em casa (...) todas as vezes que fizestes isso a um destes mais pequeninos, que são meus irmãos, foi a mim que o fizestes!" (Mt 25,31-46).

Diante da dor e do sofrimento, ela se fazia presente. Sua presença falava mais do que as palavras. Onde o sofrimento clamava por sua presença, ela lá estava. Vejam: ela não esperava ser chamada. Seu campo missionário eram as ruas da cidade. Não podia ficar de braços cruzados por um único segundo, pois, afinal, o sofrimento, a dor e a fome sempre requerem urgência.

Não consigo imaginar melhor adoração a Deus do que trabalhar em seu nome pelos pobres, com os pobres.

A regra que podemos aprender com Santa Teresa de Calcutá é bem simples: "quanto mais esvaziarmos a nós mesmos, mais deixaremos espaço para Deus preencher!"

Para amar, é preciso sair de si mesmo e atravessar as fronteiras do egoísmo, que nos impedem de partilhar o que somos e o que temos. Com um sorriso no rosto ela podia afirmar: "Amo muito minha gente, mais do que a mim mesma" e completava: "Cristo vê através de meus olhos, Cristo fala através de minhas palavras, Cristo trabalha com minhas mãos, Cristo caminha com minhas pernas, Cristo ama com meu coração". Ela não se pertencia. Não mais vivia, era Cristo que vivia nela.

"Quando um pobre morre de fome, não é porque Deus se esqueceu dele, e, sim, porque nenhum de nós se preocupou em oferecer a ele o que necessitava. Recusamos atuar como instrumento do amor nas mãos de Deus". Não existe fé isolada da solidariedade! Ela é vivida relativamente às outras pessoas.

"Muitas vezes, Senhor, meu amor pelas pessoas é reduzido a meras palavras. Ajuda-me a sair de minha zona de conforto e ir ao encontro de cada pessoa que necessite de amor e solidariedade! Assim seja."

Fonte: Luiz Alexandre Solano Rossi.
Nos passos de Santa Teresa de Calcutá.
P. 23, 28, 35, 57, 64, 71. Paulus.

5

LECTIO DIVINA

1. Objetivo específico da Leitura Orante da Bíblia *(Lectio Divina)*

Despertar o gosto e a alegria pela leitura diária e pela prática da Palavra de Deus.

Quando rezamos falamos com Deus. Quando meditamos a Bíblia, Deus fala conosco. A Lectio Divina favorece esse diálogo com o Senhor. Por isso nossa atitude quando meditamos a Palavra de Deus deverá ser sempre a atitude do Discípulo Fiel: Acolher e Praticá-la!

"A Lectio Divina, a escuta da Palavra de Deus, que sempre esteve no coração da vida monástica, é o momento da Palavra, o tempo do coração que escuta, que recebe, que se deixa impregnar. É também o momento de silêncio, em que ruminará longamente essa Palavra para deixá-la penetrar até as profundezas do ser e tornar-se realmente nossa. Se formos muito rápido, na leitura, a impressão será superficial ou se apagará. Ninguém pode duvidar de que uma palavra que vem do coração, e que foi vivida em profundidade por aquele que a traz consigo, penetrará ainda mais em quem a escuta" (Dom Dymas de Lassus, prior do Mosteiro da Grande Cartuxa). Em outras palavras, para sermos evangelizadores precisamos ser discípulos do Senhor, ouvintes e praticantes da Palavra que anunciamos.

"Sejam praticantes da Palavra de Deus e não simples ouvintes, enganando-se a si mesmos" (Tg 1,22). "Que a Palavra de Cristo habite em vós, com toda a sua riqueza, para que possais ensinar e aconselhar uns aos outros com toda a sabedoria" (Cl 3,16).

"A palavra é viva quando são as obras que falam." Cessem, portanto, os discursos e falem as obras. Estamos saturados de palavras, mas vazios de obras. Por esse motivo o Senhor nos amaldiçoa como amaldiçoou a figueira em que não encontrara frutos, mas apenas folhas. Diz São Gregório: "Há uma lei para o pregador: que faça o que prega". Em vão pregará o conhecimento da Lei quem destrói a doutrina por suas obras" (Santo Antônio de Pádua, I, 226, séc. XII).

"Os mestres da Lei e os fariseus têm autoridade para interpretar a Lei de Moisés. Portanto tudo o que eles vos disserem, fazei e observai, mas não imiteis suas ações! Pois eles falam e não praticam" (Mt 23,1-3).

"Entraram em Cafarnaum. No sábado, Jesus foi à sinagoga e pôs-se a ensinar. Todos ficaram admirados com seus ensinamentos, pois Ele os ensinava como alguém que tem autoridade, e não como os mestres da Lei" (Mc 1,21).

"Enquanto Jesus assim falava, uma mulher levantou a voz no meio da multidão e lhe disse: Feliz o útero que te trouxe e os seios que te amamentaram. Ele respondeu: Muito mais felizes são aqueles que ouvem a Palavra de Deus e a põem em prática" (Lc 11,27-28).

"Toda Escritura é inspirada por Deus e útil para ensinar, para argumentar, para corrigir, para educar, conforme a justiça. Assim, o homem de Deus estará capacitado e bem-preparado para toda boa obra" (2Tm 3,16-17).

2. Ouvir a Deus: "Falai, Senhor! Vosso servo escuta" (1Sm 3,10)

Falando da importância da Palavra de Deus como alimento da vida espiritual, diz o Concílio Vaticano II: "A leitura da Sagrada Escritura deve ser acompanhada da oração, a fim de que possa desenvolver-se em colóquio entre Deus e o homem; pois que quando rezamos, falamos com Deus; escutamo-lo, quando lemos os oráculos divinos" (*Dei Verbum* 25). Serve a leitura de iniciação, ponto de partida para o colóquio interior: a palavra escrita torna-se então palavra viva, que Deus mesmo ilumina no fundo do espírito recolhido, dando-lhe a compreender o sentido e as aplicações práticas na vida cotidiana. Assim, da leitura passa o orante à atitude de Maria de Betânia "que, sentada aos pés de Jesus, ouvia sua palavra" (Lc 10,39). Trata-se da atenção amorosa que Jesus definiu a "única coisa necessária" e "a melhor parte" (Lc 10,42), entendo dizer que vale mais uma hora a ouvir a palavra de vida eterna que mil ocupações materiais.

Espontaneamente, depois de ouvir, entra o fiel em oração, que é sua resposta à palavra e à luz do Senhor: é adesão, aceitação, abandono, ímpeto de amor para com Deus, renovado fervor em seu serviço, bons propósitos, ação de graças. A Sagrada Escritura e, particularmente, o Evangelho, as orações do Missal e a Liturgia das Horas oferecem os mais belos e eficazes temas de meditação, justamente por serem palavra de Deus e palavra da Igreja.

Referindo-se aos religiosos, o Concílio diz: "Tenham diariamente em mãos a Sagrada Escritura, a fim de que, da leitura e da meditação dos livros sacros, aprendam a supereminente ciência de Jesus Cristo (Fl 3,8) (*Perfectae Caritatis* 6); aos clérigos recomenda "penetrarem sempre melhor a palavra de Deus revelada, torná-la própria com a meditação" (*Optatam Totius* 4), e não de outro modo fala aos leigos ao afirmar que "somente na meditação da palavra de Deus" (*Apostolicam Actuositatem* 4) aprenderão a buscar e a reconhecer o Senhor em todas as circunstâncias da vida. A finalidade da meditação é conhecer melhor a Deus para amá-lo mais ou, como diz São João da Cruz, "haurir um pouco de conhecimento e amor de Deus" (*Subida do Monte Carmelo* II, 14,2).

"É mais precioso e vale mais ouvir uma só de vossas palavras, estabelecer convosco corrente de atenção interior, que tudo o que quisera meu amor oferecer-vos. Eis o grande mérito de Maria, eis a ótima parte que recebeu e não lhe será tirada. Também vos ouça eu, também vos saiba ouvir, ó Mestre!" (G. Canovai, *Suscipe Domine*, p. 387, 385).

Fonte: Gabriel de Santa Maria Madalena, O.C.D. *Intimidade Divina*, p. 324, n. 2. Ed. Loyola.

3. Apelo de nossos pastores

NMI (Novo Millennio Ineunte, n. 39 – 2000):

É necessário que a escuta da Palavra se torne um encontro vital, segundo a antiga e sempre válida tradição da Lectio Divina: esta permite ler o texto bíblico como palavra viva que interpela, orienta, plasma a existência.

CNBB n. 111 – 2005:

Uma das formas mais valiosas de trato com a Bíblia é a Lectio Divina: "Seja incentivada e reforçada a prática da leitura pessoal e orante da Bíblia, conforme as orientações do Concílio Vaticano II" (DGAE 21).

DAp (Documento de Aparecida 249 – 2007):

Para evangelizarmos dignamente precisamos, antes de tudo, fazer nossa experiência pessoal do encontro com o Ressuscitado. "A Leitura Orante da Bíblia favorece este encontro pessoal com Jesus Cristo, semelhante a tantos personagens do Evangelho, como Nicodemos, a Samaritana, o cego de nascimento, Zaqueu e sua vontade de ser diferente".

CNBB Doc. 87 n. 63 – 2008:

Cita DAp 249 e acrescenta: "Sejam, portanto, incentivada e reforçada a prática da leitura pessoal e orante da Bíblia, conforme as orientações do Concílio Vaticano II".

CNBB – 2010:

"Somos convocados à prática da Leitura Orante feita com todo empenho em nível pessoal e comunitário, ela vai nos educar na fé, proporcionando uma catequese bíblica, que forma discípulos apaixonados por Jesus Cristo. Quando pessoas e comunidades são transformadas pela Palavra, multiplicam-se na Igreja e na sociedade frutos de amor, solidariedade, justiça e paz. Convidamos todas as Dioceses, com suas pastorais e seus movimentos, círculos bíblicos, grupos de família e outras expressões comunitárias, a fazer um verdadeiro mutirão da Leitura Orante em seus diversos métodos, entre os quais se destaca a Lectio Divina. Que Maria, modelo perfeito de acolhida e de seguimento da Palavra, acompanhe-nos na escuta orante e na dedicação generosa ao anúncio da Palavra, a partir do testemunho de nossa vida".

VD (Verbum Domini, n. 86 e 87 – 2010):

"A Leitura Orante é verdadeiramente capaz não só de desvendar ao fiel o tesouro da Palavra de Deus, mas também de criar o encontro pessoal com Cristo, Palavra Divina viva. A Leitura Orante nos convida a uma familiaridade mais profunda com Deus. Nosso relacionamento pessoal e comunitário com Deus depende de nossa familiaridade com a Palavra de Deus".

"A Leitura Orante diária é como a chuva que vai fecundando a terra (Is 55,10-11)." Entrando em diálogo com Deus e meditando sua Palavra, você cresce como a árvore plantada à beira dos córregos (Sl 1,3). Você não vê o crescimento, mas percebe o resultado no encontro renovado consigo mesmo, com Deus e com os outros. Diz o canto: "É como a chuva que lava, é como o fogo que abrasa, sua Palavra é assim; não passa por mim sem deixar um sinal".

CNBB Doc. 97 – 2012:

"É preciso tornar conhecido a todos os batizados o método da Lectio Divina, com seus quatro passos: Leitura, Meditação, Oração e Contemplação" (cf. n. 58, 77, 87).

"Nós, que proclamamos a Palavra de Deus, devemos ser os primeiros a ouvi-la e praticá-la. Do contrário, em vez de testemunhas da Palavra, corremos o perigo de nos transformar em funcionários do Sagrado, que foram tão criticados por Jesus" (Papa Francisco).

"Não nos pedem que sejamos imaculados, mas que não cessemos de melhorar; vivamos o desejo profundo de progredir no caminho do Evangelho. Todavia, se não se dedica tempo para rezar com a Palavra, então, na realidade, será um falso profeta, ou um charlatão vazio" (Papa Francisco).

EG (Evangelli Gaudium, 150, 152-175 – 2013):

"Há uma modalidade concreta para escutarmos aquilo que o Senhor nos quer dizer em sua Palavra e nos deixarmos transformar pelo Espírito: designamo-la por Lectio Divina".

CNBB Doc. 100 n. 271 e 319 – 2014:

"Sendo Casa da Palavra, a Paróquia há de promover uma Nova Evangelização. Muitos paroquianos ainda não se familiarizaram com a Bíblia. A Palavra é saboreada na experiência comunitária da Leitura Orante". "Para que a Paróquia se converta em comunidade de comunidades, será preciso manter algumas características fundamentais, entre as quais, meditar a Palavra de Deus pela Leitura Orante."

CNBB Doc. 105 n. 187 – 2016:

"O verdadeiro trabalhador da vinha nunca deixa de ser discípulo. A experiência do encontro pessoal com Jesus, sempre renovada, é a única capaz de sustentar a missão. Por isso ele deve dedicar tempo à oração sincera, que leva a saborear a amizade e a mensagem de Jesus, especialmente por meio da Leitura Orante da Palavra de Deus e da participação nos sacramentos."

CNBB Doc. 107 n. 180 e 181 – 2017:

"A Leitura Orante da Palavra de Deus é um recurso muito importante para iniciar novos cristãos e, ao mesmo tempo, manter toda a comunidade no caminho da escuta obediente da Palavra, permitindo confrontar o seguimento de Jesus Cristo com a experiência do cotidiano e o estímulo à mudança de vida, segundo a vontade de Deus. Nos encontros eclesiais, tenha-se, como prática frequente, a Leitura Orante da Palavra. As dioceses e paróquias facilitem o acesso a subsídios apropriados para que as comunidades possam reunir-se em torno da Palavra de Deus, por meio da Leitura Orante."

GE (Gaudete et Exultate n. 156 – 2018):

A leitura orante da Palavra de Deus consente de nos determos a escutar o Mestre fazendo de sua Palavra farol para nossos passos e luz para nosso caminho (Sl 119/118,105). "A Palavra tem em si mesma a força para transformar a vida."

4. Ter uma correta atitude diante da Bíblia

Foi um monge chamado Guigo que, no século XII, sistematizou a leitura orante na forma de uma escada de quatro degraus que, subindo da terra, alcança o céu: Leitura, Meditação, Oração e Contemplação. Fazer a Leitura Orante é como subir uma escada de quatro degraus que nos leva até Deus.

Disposição: é importante criar um ambiente adequado, que favoreça o acolhimento e a escuta da Palavra de Deus.

Invocação ao Espírito Santo: Peça ao Espírito Santo para acolher a Palavra. Você não vai "estudar" a Palavra, mas vai "escutar" o que Deus tem a lhe dizer. Repita: "Envia, Senhor, teu Espírito! Fala, Senhor, que teu servo escuta!" (1Sm 3,10).

1º degrau: Leitura

Antes de tudo, você deve ter a preocupação de investigar:

O QUE O TEXTO DIZ EM SI? Isso exige silêncio. Dentro de você tudo deve silenciar, para que nada o impeça de escutar o que o texto tem a dizer, e para que não aconteça que você leve o texto a dizer somente aquilo que você gosta de ouvir.

2º Degrau: Meditação

Você também deve ter a preocupação de se perguntar: **O QUE O TEXTO DIZ PARA MIM, PARA NÓS?** Nesse segundo passo, você entra em diálogo com o texto, para que o sentido se atualize e penetre em sua vida. Como Maria, reflita o que escutou (Lc 2,19.51), e assim descobrirá que a "Palavra de Deus está muito perto de ti: está em tua boca e em teu coração, para que a ponhas em prática" (Dt 30,14).

3º Degrau: Oração

Além disso, você deve estar sempre preocupado em descobrir: **O QUE O TEXTO ME FAZ DIZER A DEUS?** É a hora da prece, momento de vigiar em oração. Até agora Deus falou para você; chegou a hora de você responder a Ele e dizer se aceita ou não a proposta que Ele lhe fez. Faça isso em três etapas: a) pedindo perdão pela Palavra não vivida; b) agradecendo e louvando as maravilhas que Deus realizou e continua realizando em sua vida; c) fazendo seus pedidos a Deus, de modo especial, pedindo o dom do Espírito Santo.

4º Degrau: Contemplação

É a luz que sobrou em seus olhos depois que terminou a leitura, a meditação e oração. O colírio diário da Leitura Orante faz com que, aos poucos, você comece a ver o mundo e a vida com os olhos de Deus. Comece a assumir sua própria pobreza e a eliminar em seu modo de pensar tudo aquilo que não é vontade de Deus. É você tomar consciência progressiva de que muita coisa da qual você pensava que fosse fidelidade ao evangelho, na realidade nada mais era do que fidelidade aos próprios interesses e ideais. É mostrar com a vida que o amor de Deus se revela no amor ao próximo; é dizer sempre: "Faça-se em mim segundo tua Palavra" (Lc 1,38). Contemplação é saborear, desde já, algo do amor de Deus, que supera todas as coisas. Aqui você é chamado a responder a seguinte pergunta: O QUE VOU FAZER COM A GRAÇA DE DEUS?

Na contemplação eu passo a enxergar com o olhar de Cristo. Ver com o olhar de Deus! É perceber a vida com o jeito de Jesus. Sinto que sua Palavra agora está dentro de mim, me renovando e me transformando por completo: "Se alguém está em Cristo é uma nova criatura: as coisas antigas passaram, eis que uma realidade nova apareceu" (2Cor 5,17).

A Leitura Orante da Bíblia só servirá se nos ajudar a mudar de vida. "Qual é a conversão da mente, do coração e da vida que o Senhor me pede?" (VD 86) "Há que recordar ainda que a Leitura Orante não está concluída, em sua dinâmica, enquanto não chegar à ação que impele a existência do fiel a doar-se aos outros na caridade. Deve-se evitar o risco de uma abordagem individualista, tendo presente que a Palavra de Deus nos é dada precisamente para construir comunhão, para nos unir na verdade de nosso caminho para Deus. Por isso o Texto Sagrado deve ser abordado sempre na comunhão eclesial, isto é, com todas as testemunhas desta Palavra, a começar dos primeiros Padres até os Santos de hoje e o Magistério atual" (VD 87).

A Leitura Orante deve ser essencial na vida do cristão, sobretudo, daquele que anuncia a Palavra de Deus. Por isso precisamos ser perseverantes na prática da Lectio Divina e fazê-la diariamente. Devo alimentar minha sede de Deus todos os dias! A cada encontro, uma nova experiência! Mesmo quando não quero fazer a Leitura Orante, devo vencer minhas resistências internas e reencontrar Deus em sua Palavra. A cada dia serei transformado em um discípulo novo que acolhe e pratica a Palavra do Senhor. "Toda manhã Ele faz meus ouvidos ficarem atentos para que eu possa ouvir como discípulo" (Is 50,4).

Como é feliz uma pessoa que cultiva todos os dias a amizade com Jesus, especialmente por meio da Leitura Orante da Bíblia!

6

PROFUNDA VIDA DE ORAÇÃO

A oração que brota da alma, lembrando as palavras de Santa Teresa: "Rezar é estar a sós, muitas vezes, com aquele que sabemos que nos ama muito".

A amizade exige conhecimento mútuo, amor recíproco; assim acontece também na oração. As virtudes teologais: fé e caridade são os elementos básicos da oração entendida como comunhão de amizade com Deus. De vez em quando, a oração torna-se o colóquio silencioso, contemplativo: um simples olhar que penetra a verdade de Deus e de seus mistérios, e o saboreia. A oração é verdadeira comunhão e comunicação de amizade: quanto mais a criatura contempla seu Deus, tanto mais dele se enamora e mais necessidade sente de dar-se a Ele com generosidade total.

De outra parte, Deus mesmo se lhe dá, comunicando-lhe sua luz e atraindo-a mais fortemente a si com seu amor e sua graça. "Se a alma busca a Deus, muito mais a busca seu amado" (São João da Cruz, *Chama Viva de Amor* 3, 28).

Consiste a oração, diz Santa Teresa, não em falar muito, mas em amar muito. Ao falar de oração, "ter sempre presente Jesus Cristo ajuda em qualquer estado e é meio seguríssimo de progredirmos rapidamente" (*Vida* 12,3). Ele, conclui ela: ajuda, encoraja, jamais decepciona, é amigo fiel.

Quem toma Cristo como guia da própria oração segue caminho seguríssimo e pode repetir, como o salmista: "O Senhor é meu pastor, nada me falta; em verdes pastagens me faz repousar, conduz-me às águas tranquilas. Restaura as forças de minha alma" (Sl 23, 1-3).

Ensinando as filhas a fazer oração, diz Santa Teresa: "Pois estais sós, buscai companhia. E que melhor haverá que a do divino Mestre? Não exijo agora que formeis altas e delicadas considerações, só vos peço que o olheis ... se estais alegres, contemplai o ressuscitado ... se estais com trabalhos e tristezas, considerai-o a caminho do Horto ... ou então considerai-o com a Cruz às costas ... vendo-o em tal estado, vosso coração se enternecerá, e então não só o olhareis, mas vos virá vontade de lhe falar, não com orações compostas, mas com palavras brotadas do coração, o que Ele muito estima" (*Caminho de Perfeição* 26,1-6).

Eis o método de oração muito eficaz e simples, que ajuda o cristão a identificar-se com Cristo, a viver seus mistérios, e não só na oração, mas na vida diária.

"Não há pai, não há mãe, nem amigo, nem ninguém, que nos tem amado tanto como vós, ó Senhor, que nos criastes e nos salvastes em seu Filho Jesus Cristo" (R. Jordão, *Contemplações sobre o Amor Divino* 5, p. 49-50), pois em Deus seus atributos são infinitos.

1. Oração de recolhimento

Ó Senhor, meu bem sois vós; nenhum outro fora de vós! (Sl 16,2)

O fundamento da oração interior é a presença de Deus em nós. Primeiramente, há "presença de imensidade", pela qual Deus está presente com sua operação em todas as criaturas: "Ele, diz São Paulo, não está longe de nenhum de nós. Nele, de fato, vivemos, movemo-nos e somos" (At 17,27-28). É a Divina presença tão essencial que, se cessasse, cessaríamos de existir.

Além dessa, há a "presença de amizade", unicamente no fiel em estado de graça: Deus, já presente como criador, faz-se presente como Pai, como Amigo, como doce Hóspede; faz-se presente no mistério de sua vida trinitária, convidando o fiel a viver em comunhão com as pessoas divinas: com o Pai, com o Filho, com o Espírito Santo. É a grande promessa de Jesus a quem o ama: "Se alguém me ama, meu Pai o amará, e viremos a ele, e nele faremos morada" (Jo 14,23). Ótimo método de oração mental tem o cristão que, tomando consciência dessa sublime realidade, recolhe-se no próprio interior, para tratar com Deus presente, vivo, operante em seu coração, e ali o busca, ama-o, a Ele se une, vive em sua intimidade.

"Goza-te e alegra-te em teu interior recolhimento com Ele, pois o tens tão próximo!, exclama São João da Cruz. Aí o deseja, aí o adora, e não vás buscá-lo fora de ti, porque te distrairás e cansarás, sem poder encontrá-lo nem tê-lo mais perto do que dentro de ti" (*Cântico Espiritual 1,8*). À medida que a consciência da presença de Deus em nós se faz mais profunda, a oração interior se torna fácil, espontânea, verdadeira "fonte de água que jorra até a vida eterna" (João 4,14).

"Julgais, diz Santa Teresa, de pouca importância para uma alma distraída o entender esta verdade e ver que para falar a seu Eterno Pai e regalar-se com Ele não tem necessidade de ir ao Céu nem lhe é preciso clamar em altas vozes? Por baixinho que fale, está Ele tão perto que a ouvirá. Para ir buscá-lo não precisa de asas: basta que se ponha em solidão e o contemple dentro de si" (Santa Teresa, Caminho de Perfeição 28,2).

Como toda vida cristã, também a oração é fruto de luta e de conquista, exigidas por Deus como prova de boa vontade de sua criatura e em seguida premiadas com a facilidade do recolhimento interior. Então, "apenas se ponha a rezar, verá recolherem-se os sentidos naturalmente como abelhas que se encerram na colmeia para fabricar o mel" (Santa Teresa, Caminho de Perfeição 28,7). Assim estará livre para concentrar-se em Deus presente nele e para entreter-se com Ele. Pode passar todo o tempo da oração em ato de fé, amor, adoração, jamais se saciando de admirar e contemplar a Trindade que nela habita e de oferecer-lhe suas humildes homenagens.

Mas se isso não lhe basta, pode aplicar-se a outros exercícios: "Recolhida em si mesma, pode meditar a Paixão, pensar em Jesus Cristo e oferecê-lo ao Pai". Ou então, mais simplesmente, entreter-se-á com o hóspede Divino e "lhe falará como ao pai, como ao irmão, como ao mestre, como a esposo, ora de um modo ora de outro, e Ele lhe ensinará como contentá-lo. Conte-lhe suas penas, peça-lhe remédio, reconhecendo-se indigna de ser chamada sua filha" (Santa Teresa, *Caminho de Perfeição* 2-4). E conclui Santa Teresa, "quem sabe encerrar-se desse modo no pequeno Céu de tua alma, onde habita Aquele que a criou vai por bom caminho e não deixará de beber da água da fonte" (Santa Teresa, Caminho de Perfeição 5).

Ó Verbo, Filho de Deus, fazeis-me saber que junto com o Pai e com o Espírito Santo estais escondido no interior de minha alma. Aqui, portanto, quero encontrar-vos, retirando-me em sumo recolhimento dentro de mim.

Ó minha alma, pois que teu esposo amado é o tesouro escondido em teu campo, pelo qual o esperto negociante vendeu todos os seus bens (Mt 13,44), é necessário que tu, para encontrá-lo, esquecendo todas as coisas e afastando-te de todas as criaturas, te refugies no esconderijo interior e, fechada a porta atrás de ti (Mt 6,6), quer dizer, tua vontade a todas as coisas, rezes em segredo a teu Pai.

Fazei, ó Senhor, que permanecendo assim escondido convosco, possa amar-vos, gozar-vos e deleitar-me convosco, de modo superior a todas as expressões e todos os sentimentos humanos (São João da Cruz, *Cântico Espiritual* 1, 6-9).

Parece-me ter encontrado meu Céu na terra, porque o Céu sois vós, Deus meu, e vós estais em minha alma. "Vós em mim e eu em vós", seja este meu lema. Que jubiloso mistério vossa presença em mim, neste íntimo santuário de minha alma, onde sempre vos posso encontrar, mesmo quando já não percebo sensivelmente vossa presença! Que importa o sentimento? Talvez estejais mais junto de mim quando menos o sinto. É aqui no fundo de minha alma que gosto de vos buscar. Jamais quero deixar-vos sozinho: seja minha vida contínua oração (Irmã Isabel da Trindade, *Carta* 107; 45).

Fonte: Gabriel de Santa Maria Madalena, O.C.D.
Intimidade Divina.
P. 341-343, 1990, Ed. Loyola

2. Nos passos de Santa Teresa de Calcutá

Não se fazem santos sem oração. Para quem deseja trilhar o caminho da santidade, a oração se apresenta como o mais poderoso combustível. Quem não reza tem sua alma ressecada e não consegue ouvir a voz de Deus. Às vezes, poderíamos pensar, de forma inadequada, que Santa Teresa de Calcutá não se dedicava à oração, pois, afinal, seus pequeninos pés não hesitavam em caminhar em direção às multidões de pobres.

Ao deixarmos de lado a percepção inadequada, veremos que ela era incansável na oração. Certa vez, quando se encontrava na Itália e iria participar de uma peregrinação de jovens, disse, a pedido dos organizadores: "Façamos cada um a nossa parte. Vocês usam os pés, e eu, os joelhos. Enquanto vocês andam, orarei por seus passos".

Santa Teresa de Calcutá não perdia a oportunidade de indicar o caminho mais excelente: "Dediquem-se à oração, esforcem-se para sentir a necessidade de orar várias vezes ao dia. A oração alarga o coração a ponto de torná-lo capaz de conter a doação que Deus faz de si mesmo". Para ela, a oração deveria ser compreendida como se fosse um hábito do qual não temos como deixar de lado. Afinal, afastar-se da oração seria o mesmo que optar pela morte: "Se descuidarmos da oração e se o ramo não permanecer unido à videira, morrerá. Essa união do ramo com a videira é a oração".

A vida de oração é essencial, sabemos disso. Todavia, estamos tão envolvidos em um ritmo frenético de atividades e sempre envolvidos em intenso barulho que nos distanciamos da oração e, consequentemente, enfraquecemo-nos. Não há como orar inserido no tumulto da vida. E Santa Teresa vem a nosso encontro para nos orientar: "A coisa mais importante é o silêncio. As almas de oração são almas de profundo silêncio. Não conseguiremos nos colocar diretamente na presença de Deus sem nos obrigar a um silêncio interior e exterior. É essa a razão pela qual devemos nos acostumar ao silêncio do espírito, dos olhos e da língua".

É justamente quando estamos em oração que somos surpreendidos pela imprevisibilidade de Deus. Períodos de oração devem ser entendidos como aqueles momentos em que o mais importante não é o que dizemos a Deus, mas sim tudo o que Ele nos diz. A percepção de Santa Teresa é fundamental: "Nós também somos chamados a nos retirar, de tempos em tempos, em um silêncio mais profundo e na solidão com Deus, para ficarmos a sós com ele, não com nossos livros, nossos pensamentos e nossas recordações, mas separados completamente de todas as coisas, para habitar amorosamente em sua presença: silenciosos, esvaziados, à espera, imóveis".

Precisamos repensar a oração como um instrumento dado pelo próprio Deus, a fim de crescermos em intimidade espiritual. Mas não devemos pensar que a oração é algo que nos aliena e nos afasta das outras pessoas e da comunidade. Não é possível querer apenas Deus e rejeitar o povo e a Igreja de Deus. Quanto mais próximos de Deus, mais próximos uns dos outros e da vida da Igreja. Mais oração não significa mais individualismo, mas sim mais vida comunitária. Não podemos viver e muito menos sobreviver sem a oração. Nada pode ser feito sem o recurso à oração. Vejam algo essencial: pesquisem sobre a vida de Jesus nos Evangelhos e perceberão que tudo que ele fez e decidiu sempre foi depois de orar! Todas as suas principais e mais importantes decisões foram fruto de oração. Se existe uma identidade que devemos buscar, é exatamente esta: a de um cristão de oração. Sem dúvida, essa é uma marca privilegiada e que alegra o coração de nosso Deus. Quanto mais oramos, mais nos aproximamos do coração de Deus e mais Deus preenche nosso coração. Cristãos que não oram são cristãos vazios e, consequentemente, não possuem nada ou quase nada em sua vida que seja digno de um verdadeiro testemunho. Diria que muita oração significa muito testemunho; pouca oração, pouco testemunho; e nenhuma oração, nenhum testemunho.

Na oração ficamos encantados com Deus, e talvez as únicas palavras que poderiam ser pronunciadas sejam estas: "Fala, Senhor, que teu servo escuta!"

Fonte: Luiz Alexandre Solano Rossi.
Nos passos de Santa Teresa de Calcutá.
P. 14-16. Ed. Paulus.

7

CONVERSÃO DIÁRIA

"Todos têm necessidade de se renovar a cada dia para evitar a ferrugem inerente a nossa condição mortal, e não há ninguém que não deva se esforçar para progredir no caminho da perfeição; por isso todos, sem exceção, devemos nos empenhar para que, no dia da redenção, pessoa alguma seja ainda encontrada nos vícios do passado" (*Sermões de São Leão Magno*).

"Depois que João foi preso, Jesus foi para a Galileia, anunciando a Boa-Nova de Deus: completou-se o tempo, e o Reino de Deus está próximo. Convertei-vos e crede na Boa-Nova" (Mc 1,14-15).

"Isto diz o Senhor: voltai a mim de todo o vosso coração, com jejuns, lágrimas e gemidos de luto. Rasgai vossos corações e não vossas vestes" (Jl 2,12-13). O elemento essencial da conversão é propriamente a contrição do coração: coração dilacerado, esmagado pelo arrependimento dos pecados. De fato, a contrição sincera inclui o desejo de mudar de vida e leva, na prática, a tal mudança. Ninguém está isento desta obrigação! Cada pessoa, até a mais virtuosa, tem sempre necessidade de converter-se, isto é, de voltar-se para Deus com maior intensidade e fervor, superando as fraquezas e misérias que diminuem sua orientação total para ele (*Intimidade Divina*, p. 158, n. 2).

"Suplicamos-vos em nome de Cristo: reconciliai-vos com Deus", insiste o Apóstolo, e repete: "Exortamo-nos a não acolherdes em vão a graça de Deus" (2Cor 5,20; 6,1). Não somente quem está em pecado mortal necessita reconciliar-se com o Senhor.

Cada falta de generosidade e fidelidade à graça impede a amizade íntima com Deus, esfria as relações com ele, é uma recusa de seu amor e exige, portanto, arrependimento, conversão, reconciliação (*Intimidade Divina*, p. 158, n. 2).

Indica o próprio Jesus no Evangelho de Mateus (6,1-6.16-18) os grandes meios que devem sustentar o esforço da conversão: a esmola, a oração, o jejum; ele insiste, sobretudo, nas disposições interiores que os tornam eficazes. A esmola "espia os pecados" (Eclo 3,30), mas quando é realizada unicamente para agradar a Deus e para ajudar os necessitados, e não para atrair louvores.

A oração une o homem a Deus e impetra sua graça, mas quando brota do santuário do coração e não quando é reduzida a vã ostentação ou a simples mover de lábios (*Intimidade Divina*, p. 158, n. 2).

O jejum é sacrifício agradável a Deus e desconta as culpas desde que a mortificação do corpo seja acompanhada por outra mais importante, a do amor-próprio. Só então, conclui Jesus, "teu Pai, que vê o interior, recompensar-te-á" (Mt 6,4.6.18), ou seja, perdoar-lhe-á os pecados e lhe concederá graça sempre mais abundante (*Intimidade Divina*, p. 158, n. 2).

"Viu Jesus sentado ao balcão um coletor de impostos, por nome Levi, e disse-lhe: segue-me!" (Lc 5,27). É Jesus verdadeiramente o Senhor: chama quem quer e seu chamamento é tão poderoso que desapega um coletor de seus negócios, talvez nem sempre honestos, para fazer dele um discípulo, aliás, um apóstolo, um dos doze: Mateus. E aquele homem que se sente chamado não tem um momento de incerteza, mas, "deixando tudo, levantou-se e o seguiu" (Lc 5,28). Os coletores, pela ambição de lucro, pelos exagerados tributos que impunham ao povo, eram considerados pecadores públicos e, portanto, repelidos por todos. Mas Jesus segue outra conduta: é o Salvador; vai à procura de quem necessita de salvação e lha oferece; aliás, oferece vocação privilegiada justamente a um coletor. E a quem se escandaliza ao ver-lhe à mesa em casa de Mateus, entre muitos outros coletores, diz Jesus: "Vim chamar a penitência não os justos, mas os pecadores" (Lc 5,32) (*Intimidade Divina*, p. 165, n. 1).

O chamado à penitência produziu em Mateus grande fruto: uma conversão radical que o transformou de coletor em apóstolo. Sempre, mas de modo particular, durante a quaresma, continua a Igreja, como Jesus, a chamar os homens à penitência (SC 9,109). A resposta de cada um deveria ser semelhante à de Levi: não hesitar ante a necessidade de mudar mentalidade e conduta; não temer deixar coisas, hábitos, pessoas queridas ou interesses vantajosos, quando forem obstáculo à conversão ou impedirem de responder plenamente ao chamado de Deus. "Só fazendo morrer o que é velho, diz o Concílio, podemos atingir a vida nova" (*Ad Gentes* 8).

A penitência, em seu significado essencial, exige sempre mudança de vida: do pecado à virtude, da mediocridade ao fervor, do fervor à santidade. Essa mudança interior não se pode realizar sem o auxílio divino: mas o Senhor não é avaro, enquanto chama o homem à penitência, oferece-lhe a graça necessária para converter-se (*Intimidade Divina,* p. 166, n. 2).

"Se vós, pois, que sois maus, sabeis dar coisas boas a vossos filhos, quanto mais vosso Pai celeste dará boas coisas aos que lhe pedirem" (Mt 7,11). Entre as coisas boas que pode o cristão pedir a Deus estão, em primeira linha, a conversão e a libertação do pecado. Pode acontecer também à pessoa dedicada ao serviço de Deus, que lute penosamente para se libertar de certas misérias nunca perfeitamente vencidas e sempre renascentes; ou se encontre em situações que ameacem transformar promessas feitas a Deus, propósitos e anseios de santidade. É que não reza o bastante, não recorre a Deus com plena confiança; não pede, não procura, não bate, como quer o Evangelho, "pois quem pede recebe, quem procura encontra, e a quem bate se abrirá" (Mt 7,8) (*Intimidade Divina*, p. 181, n. 2).

"Se a pessoa má renuncia a todos os seus erros para praticar minhas leis, então viverá decerto, e não há de perecer. Se um justo abandonar sua justiça, se praticar o mal, deverá morrer, por causa de sua infidelidade atual" (Ez 18,21.24). Assim fala Deus por Ezequiel. Enquanto que, aos pecadores que se convertem, Deus assegura a salvação, aos justos que abandonam o caminho reto ameaça com a perdição. Se tamanho é o valor da conversão que anula todos os pecados cometidos, não menor é o dano da inconstância no bem, que pode destruir uma vida inteira de boas obras (*Intimidade Divina*, p. 183, n. 1).

Ninguém pode estar seguro. "Quem pensa estar de pé, veja que não caia" (1Cor 10,12). Mesmo quem vive atualmente em estado de graça, e talvez professe vida perfeita, jamais pode desistir da vigilância. E cumpre evitar não só culpas graves, mas também as leves. O assim chamado "pecado venial" é sempre ofensa a Deus; opõem-se à caridade, se não a destrói, esfria-a; diminui-lhe o ardor, enfraquece-a e lhe impede o desenvolvimento. O pecado venial não rompe a amizade com Deus, mas a põe em sério perigo, quando cometido habitualmente e de olhos abertos. Não raro é o caso de pessoas que, depois de se terem dado a Deus, com sincero fervor, com o correr do tempo, cedendo ao egoísmo, à preguiça e a outras paixões, não sabendo esforçar-se generosamente para vencer-se, vão caindo em contínuas negligências, indolências, omissões voluntárias. Sua vida espiritual reduz-se a uma espécie de letargia que ainda não é a morte, mas já não tem o frescor e o vigor de uma vida sã e robusta. Perdeu-se enfim o fervor da caridade (*Intimidade Divina*, p. 183, n. 1).

Santa Teresa de Jesus, pondo-nos de sobreaviso contra semelhante estado, ensina: "quando não sentirdes desgosto por uma falta cometida, temeis sempre, porque o pecado, mesmo venial, deve compungir-vos de dor até ao íntimo da alma. Por amor de Deus, vigiai atentamente, a fim de não cometerdes jamais um só pecado venial, por pequeno que seja. Mas que pode haver de pequeno, sendo ofensa contra tão grande Majestade?" (*Conceito do amor de Deus*, n. 2,5.20) (*Caminho de Perfeição*, n. 41,3) (*Intimidade Divina*, p. 184, n. 1).

Bem diferentes são os pecados veniais que nos escapam, cometidos por fragilidade ou inadvertência. O homem não queria ceder, de maneira alguma, mas porque é ainda fraco, cai, no momento da tentação, sobretudo se é apanhado de surpresa. Todavia, logo que percebe, sente uma dor sincera, arrepende-se imediatamente, pede perdão ao Senhor, levanta-se e põe-se de novo a caminho. Tais pecados não causam grande dano à alma, são antes indícios de sua fraqueza e falta de maturidade espiritual. Todavia, se, diante de tais quedas, sabe o homem se humilhar sinceramente, pode alcançar grande vantagem, particularmente uma consciência mais profunda da própria miséria, que o levará a desconfiar totalmente de si, para pôr em Deus toda a sua confiança. Experimentará, na prática, a profunda realidade das palavras de Jesus: "Sem mim nada podeis fazer" (Jo 15,5). Não é raro que o Senhor permite semelhantes quedas, exatamente para dar ao homem consciência prática de seu nada, e firmá-lo seriamente na humildade, base de toda a vida espiritual (*Intimidade Divina*, p. 184, n. 2).

"Pai, pequei, já não sou digno de ser chamado teu filho" (Lc 15,21). "Que Deus é como vós, que apaga a iniquidade, que não se ira para sempre, porque prefere a misericórdia", assim louva Miqueias ao Senhor e lhe suplica: "Uma vez mais, tende piedade de nós, esquecei nossas faltas e jogai nossos pecados nas profundezas do mar" (Mq 7,18-19). A oração dos antigos revela a concepção profunda da misericórdia de Deus; todavia, posteriormente, aprofunda o Evangelho e a comenta de modo mais expressivo, como a parábola do pai misericordioso e do filho pródigo (*Intimidade Divina*, p. 207, n. 1).

Demonstra a parábola que, quando o homem está sinceramente arrependido dos pecados, mesmo se forem gravíssimos, abandono da casa paterna, vida dissoluta, impiedade e desprezo de toda lei, Deus os destrói e esquece, como coisas que se calçam aos pés ou se lançam ao fundo do mar. Criou Deus o homem livre; e quando este, como o filho pródigo, com um gesto de independência e rebeldia, afasta-se dele para ir gozar da vida a seu talante, não o obriga ao bem, não o detém à força, mas o espera, continuando a amá-lo. Como o pai da parábola, assim que o percebe de volta na estrada, corre-lhe ao encontro; aliás, faz mais: até previne o regresso, suscitando-lhe no coração remorso e arrependimento, efeito de sua graça (*Intimidade Divina*, p. 208, n. 1).

Quando, cedendo o pecador ao impulso interior, resolve mudar de vida, abre-se à humildade e sincera confissão do pecado, logo o acolhe Deus e lhe faz festa! Restitui-lhe os direitos de filho, reveste de graça e o readmite a sua amizade: "Esse meu filho estava morto e reviveu" (Lc 15,24). Alegra-se Deus com a vida do homem, alegra de vê-lo passar da morte do pecado para a vida da graça, alegra-se de vê-lo voltar a seu amor, única fonte de vida e de alegria (Intimidade Divina, p. 208, n. 1).

Diz a parábola a imensa misericórdia de Deus para com o homem pecador, mas diz também a disposição do pecador para encontrar misericórdia. O filho pródigo entra em si, reconhece as culpas, arrepende-se, resolve acabar com elas, voltar ao pai e confessar-lhe os pecados; sabe-se que é indigno de ser acolhido como filho, todavia volta confiante na bondade paterna. Assim, cada confissão sacramental, para que traga frutos, deve ser precedida e acompanhada de arrependimento, de propósito de converter-se, de humildade do coração contrito, de confiança na misericórdia divina (*Intimidade Divina*, p. 208, n. 1).

Fala a parábola também da misericórdia de Deus para com os filhos que ficaram em casa, fiéis a seus deveres, mas um pouco mesquinhos, pobres de amor. O costume os torna insensíveis ao benefício de viver na casa paterna, de gozar da contínua companhia do pai, por isso pecam em desamor para com ele. Muito convictos de serem bons filhos, bem diferentes dos extraviados que se foram à procura de aventuras, por isso pecam de desamor para com os irmãos afastados; não suportam que se tenham perdido e quando voltam arrependidos, espantam-se e, talvez, até se irritam por vê-los logo perdoados. É a mentalidade do fariseu que condena o publicano; dos operários da primeira hora que se indignam porque os últimos são tratados como eles (*Intimidade Divina*, p. 208, n. 2).

Também esses filhos precisam da misericórdia de Deus para se curar de seu pecado, tanto mais perigoso quanto menos reconhecido. E os trata com a mesma misericórdia com que trata os filhos pródigos. Eis o pai ao sair ao encontro do filho mais velho que, indignado, não quer entrar em casa; insiste com ele, escuta seu desabafo e, a seus protestos de haver sempre obedecido, trabalhado tanto, sem jamais receber "um só cabrito" para festejar com os amigos, recebe uma única resposta: "Filho, estás sempre comigo, e tudo que é meu é teu" (Lc 15,31). O amor do pai é transbordante! Reclama o filho um cabrito e responde-lhe o pai: "Tudo que é meu é teu"; o filho não se sente amado porque não recebeu festas e responde ao pai: "Estás sempre comigo!" Pode haver festa maior! Quer o pai vencer com amor o desamor do filho; quer fazê-lo compreender que é amado, mas também, que deve amar o irmão, "fazer festa e alegrar-se porque estava morto e reviveu" (Lc 15,32). Quer Deus os filhos vivos em seu Amor. Com Ele devem aprender a amar, eis o essencial (*Intimidade Divina*, p. 209, n. 2).

Precisa também o filho mais velho confessar seu pecado. Confessá-lo com humilde e contrito coração, por ter vivido por tanto tempo na casa do pai e não ter ainda compreendido o mistério de seu amor. Perseverar no serviço de Deus é ótimo! Não quer Deus, porém, servir-se de mercenários, mas de filhos; e os filhos devem servir com amor (*Intimidade Divina*, p. 209, n. 2).

"Que Deus é como vós que apaga a iniquidade e perdoa o pecado, que não se ira para sempre porque prefere a misericórdia! Uma vez mais, tende piedade de nós, Senhor; esquecei nossas faltas; jogai nossos pecados nas profundezas do mar! Mantende vossa fidelidade como juraste a nossos pais, desde os tempos antigos!" (Mq 7,18-20).

8

CULTIVAR DIARIAMENTE A VOCAÇÃO RECEBIDA

Há, na Igreja, várias vocações. A maioria é chamada a viver como Cristãos Leigos, outros à vida matrimonial, outros à vida religiosa e outros ainda à vida sacerdotal. Não importa qual o chamado que recebemos do Senhor, o fundamental mesmo é que saibamos cultivar, diariamente, a vocação recebida.

Não pretendo aqui falar de todas as vocações, gostaria apenas de falar sobre a vocação ao sacerdócio.

"Fui feito ministro do Evangelho pelo dom da Graça de Deus" (Ef 3,7). Isto é, a história de nosso sacerdócio começa por um chamado divino, como aconteceu com os apóstolos: "Não fostes vós que me escolhestes, mas fui eu que vos escolhi". Nós nos tornamos ministros do Evangelho não por causa de nossas qualidades, mas pelo dom da graça de Deus".

"Nossa vocação ao Sacerdócio é um sinal de que somos amados por Deus com um amor de predileção. Escolhendo-nos entre tantos irmãos, Ele nos chama a participar de um modo especial de sua amizade: 'já não vos chamo servos, mas amigos, porque vos dei a conhecer tudo que ouvi de meu pai' (Jo 15,15). Esse amor de predileção que Cristo tem por nós, como qualquer outro amor, exige de nossa parte a correspondência. Isso fica bem claro no diálogo de Cristo com Pedro após a ressurreição, onde Ele coloca a Pedro a questão fundamental sobre o amor: 'Simão, filho de João, tu me amas mais do que estes?' Só depois que Pedro responde afirmativamente e, por três vezes, que ele o amava mais do que os outros, é que Cristo lhe entrega a missão: 'apascente os meus cordeiros[3]."

Nossa fidelidade a Jesus Cristo e nossa perseverança dependerão de nosso sim sempre renovado, diariamente, de nosso amor total e exclusivo a Ele que nos chamou e nos oferece as graças necessárias para o cumprimento da missão. Por isso nossa grande preocupação deverá ser esta: crescer diariamente na intimidade com o Senhor, conscientes de que Ele realmente nos chama, antes de tudo, a participar de um modo especial de sua amizade: "Já não vos chamo servos, mas amigos".

O chamado dos doze em Marcos (3,13-15) foi assim: "Jesus subiu o monte e chamou os que Ele quis; e foram a ele. Ele constituiu então doze, para que ficassem com ele e para que os enviasse para anunciar a Boa-Nova, com o poder de expulsar demônios".

Portanto vocação é chamado de Deus. A iniciativa é divina. É chamado de Deus, à espera de uma resposta humana, que seja livre, consciente e generosa.

Afirma São Paulo que "o chamado de Deus é irrevogável" (Rm 11,29). Deus, depois que chama, não volta atrás. Ele continua chamando sempre, não desiste jamais. Ele não se arrepende do chamado feito e, mesmo que lhe sejamos infiéis, Ele continua sendo fiel sempre.

Se de um lado o chamado é irrevogável; de outro, o sim dado a um determinado momento da vida, precisa ser sempre renovado e atualizado todos os dias. E a consequência, o resultado do sim renovado, diariamente, será a fidelidade, a perseverança. Foi justamente isso que São Paulo pediu a Timóteo: "Convido a reavivar o dom de Deus que está em você pela imposição de minhas mãos" (1Tm 1,6).

É muito fácil dizer sim a um determinado momento da vida, tanto na vida matrimonial quanto na vida consagrada. Para que

[3] Viagem Apostólica do Santo Padre ao Brasil (30 de junho – 12 de julho de 1980). HOMILIA PROFERIDA DO PAPA JOÃO PAULO II NA SANTA MISSA COM ORDENAÇÕES SACERDOTAIS. Rio de Janeiro, 2 de julho de 1980.

sejamos firmes, fiéis e perseverantes devemos renovar, atualizar nosso sim todos os dias. Foi assim com Maria e deverá ser assim também conosco. Mais do que ninguém, Maria soube renovar seu sim ao longo de sua vida, principalmente nos momentos mais difíceis:

a) No nascimento do Menino Deus, naquelas circunstâncias tão difíceis que nós sabemos, ela estava renovando seu sim, juntamente com José;

b) Na fuga para o Egito, para escapar da fúria de Herodes, que queria matar aquela criança, ela estava renovando seu sim, juntamente com José;

c) Na perda do menino Jesus no templo, ela estava renovando seu sim, juntamente com José;

d) No "silêncio de Deus", durante trinta anos, quando Jesus era apenas um simples carpinteiro e não havia começado seu ministério, ela estava renovando seu sim;

e) Na crucificação de Jesus na Cruz, onde ela permaneceu de pé, sendo solidária com seu filho, lá ela estava renovando seu sim.

Que Maria, do sim sempre renovado, ajude-nos a renovar também nosso sim, ao longo de nossa vida.

CONCLUSÃO

Esta temática, AMIZADE COM JESUS EUCARÍSTICO, é fruto de um Retiro Espiritual, pregado para padres, no Mosteiro de Belém, pelos Irmãos da Obra de Santa Cruz, localizado no município de Guaratinguetá, SP. O pregador apresentou esta temática afirmando que a ALEGRIA é consequência de nossa AMIZADE COM JESUS. Fiquei entusiasmado com o assunto e, logo no início da pandemia da COVID-19, peguei minhas anotações do Retiro e resolvi aprofundar cada tópico, acrescentando outros que não foram abordados na ocasião.

Jamais pensei que um dia pudesse escrever algo tão profundo e simples e tão útil para todo e qualquer cristão, independentemente de ter abraçado ou não a vida consagrada. Penso que este livro, este livrinho, tão pequenino que é, poderá estar ao alcance de todos que gostariam de cultivar a AMIZADE com JESUS, o MESTRE dos mestres, o MELHOR E O MAIOR DE TODOS OS AMIGOS. Meu sonho, acredito também que é o sonho de JESUS, é que este pequeno livro, com esse conteúdo tão claro e simples, possa chegar ao alcance de muitas pessoas, independentemente de credo ou religião. Rezo e peço a Deus para que isso aconteça.

Em troca deste "presente", como retribuição, espero e desejo poder contar com suas orações para que eu seja o primeiro a colocar em prática tudo o que aqui está escrito.

BIBLIOGRAFIA

JOÃO PAULO II. *Ecclesia de Eucharistia:* sobre a Eucaristia na sua relação com a Igreja. São Paulo: Paulinas, 2005.

_______. *Novo Millennio Ineunte:* Grande Jubileu do ano 2000. São Paulo: Paulinas, 2000.

CONFERÊNCIA EPISCOPAL LATINA AMERICANA. *Documento de Aparecida:* texto conclusivo da V Conferência Latino-Americana e do Caribe. Aparecida: Edição CNBB, Paulus, Paulinas, 2007.

CONFERÊNCIA NACIONAL DOS BISPOS DO BRASIL. *Iniciação à vida cristã:* itinerário para formar discípulos missionários. Doc. 107. CNBB, Paulinas 2017.

_______. *Comunidades de comunidades: Uma nova paróquia.* A conversão pastoral da Paróquia. Doc. 100. CNBB, Paulinas, 2014.

_______. *Cristão Leigos e Leigas na Igreja e na Sociedade:* sal da terra e luz do mundo (Mt 5,13-14). Doc. 105. CNBB, 2016.

IN SINU JESU. *Quando o Coração fala ao coração: o diário de um sacerdote em oração.* Ecclesie, Campinas-SP, 2019.

GUIGO II; CARTUXI; BIANCHI; ENZO; GIURISATO; GIORGIO; VINNEL, ALBERT: GUIMARÃES, Irineu Rezende. *Lectio Divina:* ontem e hoje. Ed. Subiaco, Juiz de Fora-MG, 2017.

Este livro foi composto com as famílias tipográficas Segoe Ui e Patua One
e impresso em papel Offset 75g/m² pela **Gráfica Santuário.**